생산성
Productivity

생산성
Productivity

기업 제1의 존재 이유

이가 야스요 지음 | 황혜숙 옮김

쌤앤파커스

'생산성'은 탁월한 결과로
당신과 조직의 가치를 높여줄 것입니다.

———————————— 님께 드림

머리말

저는 1993년부터 2010년까지 미국계 컨설팅 회사인 맥킨지&컴퍼니 (McKinsey&Company)의 일본 지사에서 처음엔 컨설턴트로, 나중엔 인재 채용 및 양성 담당 부서의 매니저로 총 17년간 근무해왔습니다. 그 과정에서 우수한 인재에게 바라는 자질과 그 양성의 방법에서 일본과 미국 기업 간에 생각 차이가 크다는 사실을 깨달았습니다.

그중 한 가지가 앞서 집필한《채용 기준(採用基準)》에서 언급한 '리더십에 대한 인식의 차이'였습니다. 미국 기업이나 대학에서 '리더십'은 신입사원을 포함한 모든 사원이 지녀야 할 기술이자, 익히고 훈련하면 누구나 갖출 수 있다고 가르칩니다.

이는 '세상에는 리더의 자질을 지닌 소수의 사람과, 리더가 되기에 적합하지 않은 일반 대중이 있다.'거나, '조직에는 우수한 리더 한 사람만 있으면 된다. 그 외 구성원은 따르기만 하면 된다.' '모두가 리더가 된다면 조직이 무너진다.'는 일본의 주된 사고방식과는 정반대였습니다. 또 미국 회사에서는 하루에도 몇 번씩 리더로서 역량을 발휘해야 할 상황이 존재했지만, 일본에서는 긴급상황이나 프로젝트를 진행할 때처럼 뭔가 특별한 일이 있을 경우에만 리더로서의 역할이 강조됩니다.

리더의 역할에 관한 이러한 사고방식의 차이는 미국과 일본 내 조직사회에서의 리더로서 질과 양에 큰 차이를 낳고, 나아가 조직의 성과에도 많은 영향을 미치고 있습니다.

조직원 전체를 육성하며 리더십 전반을 가르치지 않고 혜성같이 나타난 특별한 사람, 소위 '카리스마형 리더'의 힘에만 의지하다 보면 조직이 커질수록 성과를 내기 어렵기 때문입니다.

한 가지 덧붙이면, '생산성'의 차이 역시 뚜렷합니다.

맥킨지에 처음 입사했을 때 생산성이 월등히 높은 외국 국적의 직원들을 보며 여러 번 놀랐던 기억이 납니다. 이는 단순히 머리가 좋다든지 업무를 신속히 처리한다는 차원이 아닙니다.

그들은 해야 할 일의 우선순위를 명확히 하고, 우선순위가 낮은 일은 신속하고 대담하게 잘라버립니다. 그뿐만 아니라 항상 결론을 먼저 내립니다. 그래서 설명하는 데 드는 불필요한 시간이나 혼선이 생길 여지를 없애는 적절한 커뮤니케이션 방식을 사용하곤 합니다. 그러한 일련의 업무 방식에서 생산성을 조금이라도 높이려는 강한 의지를 느낄 수 있었습니다.

상사가 퇴근하지 않으면 감히 퇴근할 수 없는 분위기나, 한마디도 하지 않고 묵묵히 메모만 하는 회의 참가자, 그리고 사소한 일에 얽매여 의사결정을 질질 끄는 등 생산성이 낮은 일본 기업과는 아주 다른 업무 방식이었습니다.

그뿐만이 아닙니다. 리스크를 기꺼이 감수하고 문제 앞에 주저앉지 않는 자세 역시 생산성을 중시하는 데서 비롯된 것입니다. 그들에게는 기존의 사고방식에 얽매이지 않을 때 생산성이 대폭 오를 것이라는 계산이 있기 때문입니다.

비즈니스상의 리스크는 무조건 피한다고 좋은 것이 아닙니다. 그것으로 얻을 수 있는 성과를 보고 결정해야 합니다. 만일 지극히 큰 이득을 기대할 수 있다면 적극적으로 수용해야 합니다. 이처럼 글로벌 혁신 기업에서는 '생산성을 크게 높일 수 있다면 기존의 방식을 과감히 버릴 수 있으며, 그에 따른 리스크도 감수해야 한다.'는 식으로 항상 생산성을 모든 판단의 주요한 기준으로 삼고 있습니다.

맥킨지의 전 인사담당 매니저가 생산성을 운운하는 것이 이해가 안 되는 분도 계실 것입니다. 외국계 기업들이 많이 강조하는 '리더십'에 관한 것이라면 또 모를까, 생산성만큼은 일본이 세계 최고라는 인식이 강하기 때문입니다.

실제로 제조 분야에서 일본의 생산성은 오랫동안 세계적으로 으뜸이었습니다. 그래서 그런지 일본에서는 생산성이라는 개념을 '공장의 생산 공정 효율화'에 관한 것이라고 한정하는 경향이 있습니다.

그 외의 분야에서는 생산성에 대한 관심이 의외로 낮은데, 이는 국제적인 산업별 생산성을 비교한 결과에서도 뚜렷이 나타납니다. 특히 일본의 사무직이나 서비스직의 생산성은 다른 선진국에 비해 지극히 떨어짐에도 여전히 개선될 조짐이 보이지 않습니다.

또한 생산성을 원래 의미보다 훨씬 좁은 의미로 해석하는 탓에 '생산성 향상=경비 삭감'이라는 잘못된 인식 또한 만연해 있습니다.

생산성은 부가가치액을 투입 자원량으로 나누어서 계산합니다. 따라서 생산성을 높이는 방법은 당연히 딱 두 가지로, 비용을 삭감하는 것과 부가가치를 높이는 것입니다.

이 두 가지 방법 중 일정 선에서 한계에 도달하는(제로 이하로는 할 수 없는) 비용 삭감과는 달리, 시장에서 잘할 수 있는 분야에 자원을 집중시켜서 부가가치를 높이는 방향으로 생산성을 향상시키는 데는 이론상 상한선이 없습니다.

많은 서구 기업은 사업의 포트폴리오를 교체하는 경영 판단을 내리거나, 상품이나 서비스를 취사선택할 때도 부가가치가 낮은 것은 일찌감치 버리고 부가가치가 높은 분야에 자원을 집중적으로 투입합니다.

이런 대담한 경영 판단은 '자금이나 인재 등의 경영 자원을 생산성이 높은 분야에 집중시킴으로써 기업의 가치를 높인다.'는 기본 마인드를 갖추고 있기에 가능한 것입니다.

더 나아가 인재 양성에 대해서도 '성장하는 것이야말로 생산성을 높이는 지름길'이라는 단순 명쾌한 믿음이 있습니다. 성장한다는 것은 새로운 지식이나 기술을 습득하는 것도, 영어를 잘하는 것도 아닙니다. 기본 능력의 바탕에서 '업무의 생산성을 높일 수 있느냐 없느냐.'가 관건입니다.

이러한 사고방식을 가지고 있다면 '생산성을 높이면 창의성이 없어진다.'든지, '비효율적인 것에 혁신의 힌트가 숨겨져 있다.'든지, '생산성이 높은 조직은 살벌하다.'는 식으로 생각하거나 오해할 일이 없습니다.

전 세계적으로 혁신적이라는 평가를 받고 있는 실리콘밸리형 기업의 대부분은 일본 기업에 비해 생산성을 매우 중시합니다. 마케팅 분야나 개발 분야, 인사 분야도 마찬가지입니다.

창업한 지 불과 몇 년 만에 해외로 진출해서 놀랄 만한 속도로 세계 각국에 서비스를 침투시키는 사례가 존재할 수 있는 것은 조직의 모든 분야가 지극히 높은 생산성을 갖췄기 때문입니다.

제가 이번에 생산성에 대해 깊은 고민을 하게 된 이유는 전 세계와 경쟁하는 우리 기업이 정작 공장 이외의 현장에서 생산성에 대한 의식이 크게 결여되어 있다고 느꼈기 때문입니다.

'경쟁에서 이기기 위해서는 더 오랜 시간 일해야 한다.'는 노동 투입형 발상으로는 사람도 조직도 피폐해질 뿐입니다. 이런 방식으로는 새로운 기술이나 시스템을 적극적으로 받아들여 생산성을 끌어올린 생산성 중심의 기업을 따라잡을 수 없습니다.

또 저는 요즘 자주 듣는 '노동 방식의 개혁'이라는 말도 우려스럽습니다. 경제 성장에 고령자, 외국인 등 다양한 일손이 어쩔 수 없이 필요하다고 생각하는 것 또한 노동 투입형 발상에 지나지 않기 때문입니다. 국내에서는 장시간 노동에 대해서도 '생산성이 낮은 일을 장시간 직원에게 부과하는 기업'과 '생산성이 아주 높은 일을 아침부터 밤까지 해서 엄청난 속도로 세계를 석권해가는 기업'의 차이를 잘 이해하지 못하는 것 같습니다.

다만 한 가지 분명히 해두고 싶은 점은 우리와 미국의 조직을 비교했을 때 리더십과 생산성 이외에 인재 능력이나 조직력을 좌우하는 결정적인 요인은 아무것도 없다는 사실입니다. 근면함이나 규칙 엄수는 물론, 분석력과 논리적인 사고력 그리고 기술력에서 창의성까지, 우리 인재들의 역량은 흠잡을 데가 없습니다. 그러므로 리더십과 생산성의 중요성을 제대로 이해하고 그 방향으로 집중한다면 막 창업한 기업이든 대기업이든 우리 기업은 지금보다 훨씬 높은 수준으로 부상할 수 있으리라 확신합니다.

이 책에서는 많은 사람들이 오해하고 있는 혁신(innovation)과 생산성의 관계나, 개선(improvement)과 생산성의 관계 이외에도, 조직 전체의 생산성을 높이기 위한 인재 양성 방법에 대해 많은 지면을 할애하고자 합니다.

끝까지 읽고 나면 생산성에 대해 전혀 다른 관점이 생겨날 것으로 확신합니다. 또한 꼭 활용해보고 싶은 아이디어도 분명 있을 것입니다. 그 과정에서 이 책이 비즈니스 현장의 최전선에서 분투하는 여러분에게 조금이라도 도움이 되길 진심으로 바랍니다.

우리 모두는
'머릿수'만 채우고 있다

비즈니스 경험이 어느 정도 있는 분이라면 생산성이 무엇인지 어느 정도 이해하고 계실 것입니다. 하지만 실제로 비즈니스 현장에서는 그 개념을 자주 망각하고 때로는 완전히 무시하기도 합니다. 제가 몸담아왔던 인재 채용 분야 역시 예외는 아니었습니다.

직원을 새로 채용하고자 하는 기업은 먼저 '어떤 인재를 몇 명 정도 채용하고 싶다.'는 목표를 세웁니다. 만약 그 목표가 '자사의 채용 기준을 만족시키는 10명의 신규 졸업생 채용'이라고 칩시다. 이때 가장 생산성이 높은 채용 방식은 무엇일까요?

채용하고자 하는 학생이 가장 많이 지원해주는 것, 채용할 만한 사람을 극히 단시간 안에 찾아내는 것, 합격자가 전원 (타사가 아닌 자사에) 입사해주는 것 등등 이상적인 채용 방식에 대해 다양한 이미지가 떠오를 것입니다.

물론 이 모두가 바람직한 상황이지만 '생산성'이라는 관점에서 보면 이 기업에 가장 생산성이 높은 상황은 '최종적으로 입사할 10명만 입사 지원을 하는 것'입니다. 현실적으로 그런 일이 벌어질 리는 없겠지만, 이것이 우리가 지향해야 할 방향이라는 사실은 알고 있어야 합니다.

이상한 질문처럼 들릴지도 모르지만 '10명의 대졸 신입 채용'이 목표인 기업에 몇 명이 지원하면 가장 이상적인 상황이라고 할 수 있을까요? 백 명일까요? 아니면 천 명일까요? 아니면 만 명일까요?

사실 채용에는 막대한 경비와 시간이 듭니다. 특히 면접이나 인재 확보를 위해 투입되는 우수 사원은 엄청난 시간적 부담을 갖게 되고, 신입사원 채용 시즌에는 본업을 뒤로 미루고서라도 면접이나 인턴십 등 인재 채용 관련 이벤트를 위해 이리저리 뛰어다녀야 합니다.

자사의 채용 기준을 만족시키는 동시에 확실하게 입사해줄 딱 10명만 지원해준다면 굳이 많은 사람들의 지원을 받을 필요가 있겠습니까?

'양'에 집착하는 발상이 생산성을 낮춘다

그렇다고 10명을 채용하는 것이 목표인 기업에 10명밖에 지원하지 않는다면, 아무리 그들의 자질이 대단히 훌륭하다 해도 대부분의 기업은 '지원자가 너무 적다.'고 불안해할 것입니다.

"회사설명회에 10명밖에 오지 않았어. 지원한 사람도 10명뿐이야.

이대로 가면 우리 회사는 비인기 기업으로 비칠 거야."라든지 "지원자 전원을 다 채용하다니 내년 신입사원은 틀림없이 형편없는 사람들일 거야."라는 말이 나올 것입니다. 심지어 인사담당자가 경영진으로부터 질책을 받을지도 모릅니다. 그래서 회사설명회에는 채용 인원의 몇십 배, 때로는 몇백 배의 졸업생을 끌어모으는 것을 목표로 막대한 노력과 경비를 투자합니다.

하지만 지원자 수를 늘리는 데는 구인구직 웹사이트에 드는 광고비, 채용 박람회나 합동 설명회 등에 드는 비용, 설명회 공지 비용, 이메일 발송비 등 많은 비용이 듭니다. 한 권에 몇천 원이나 하는 팸플릿이나 한 사람당 몇만 원씩 드는 적성검사비도 지원자 수에 비례해서 껑충 뜁니다.

따라서 생산성 측면에서 보면 이처럼 '무작정 지원자를 늘리는' 방법은 가장 피해야 할 하책입니다. 그럼에도 왜 많은 기업이 그런 비생산적인 방향으로 치닫는 것일까요?

이유는 딱 두 가지입니다. 우선 '채용 인원을 늘리기 위해서는 지원 인원을 늘릴 수밖에 없다.'고 믿기 때문입니다. '생산성을 높인다.'는 발상이 애초부터 없기 때문이죠.

채용을 원하는 기업은 '지원자가 많으면 많을수록 채용 가능한 학생이 는다.'라고 생각합니다. '50명이 모이면 채용할 수 있는 학생이 그중에 1명은 있다. 그래서 10명을 뽑고 싶다면 500명을 모아야 한다.'는 식의 발상입니다.

이는 '어떤 일을 완성하는 데 50시간이 필요하다. 따라서 그 10배의 일을 완성하려면 500시간의 노동이 필요하다.'는 식의 생각과 같은 것이죠. '출력하는 양을 늘리려면 그만큼 입력하는 양도 늘려야 한다.'는 것은 생산성과는 정반대의 사고방식이라고 할 수 있습니다.

이러한 생각은 채용 전문 사이트의 영업 멘트로는 적합할지 모르지만, 채용 기업이 이를 그대로 받아들이는 것은 명백히 그릇된 것입니다.

생산성 증대라는 관점에서 보면 '50명당 1명보다 50명에 채용할 만한 학생 2명이 있게끔 하는 방법'을 생각하는 것이 바람직합니다. 그런 다음엔 50명에 3명, 그리고 4명, 이런 식으로 '일정 규모의 지원자 그룹에 포함된 채용할 만한 인재 수를 늘려감으로써 궁극적으로는 '10명 응모에 10명 채용'으로 이어지도록 해야 합니다. 실제로 여기에 투입하는 노력과 예산, 그리고 지혜의 양은 응모자 수를 배로 늘리기 위해 투입하는 것에 비해 압도적으로 적습니다.

전적으로 양에 의존해 '지원자가 많으면 많을수록 우수한 학생이 늘 것'이라는 식의 발상은 대부분 채용의 생산성을 악화시킬 수 있습니다. 갖은 방법을 다 동원해서 무리하게 지원자를 모을 경우 어느 시점이 지나면 지원자의 질도 입사 의욕도 급속히 떨어지게 됩니다.

나아가 지원자가 늘면 채용 과정에 시간이 걸리기 때문에 최종 결정까지 드는 시간도 그만큼 길어집니다. 그러는 동안 타사에서 유능한 지원자를 먼저 낚아챌 가능성도 많아, 결국 채용의 생산성은 더 떨어지고 맙니다.

직원 10명을 뽑는 데, 지원자 10명이면 족하다

무조건 양에만 의존하려는 발상과 함께, 경영자의 근거 없는 허영심 또한 채용의 생산성을 낮추는 원인이 될 수 있습니다. "경쟁 기업의 설명회에는 1,000명이나 모였다는데, 왜 우리 설명회에는 300명밖에 모이지 않았지?"라고 질책하는 임원이나, 그 사람을 설득할 수 없는 (혹은 귀찮아서 설득하지 못하는) 인사부 직원이 존재하기 때문에 채용의 생산성은 떨어지고 맙니다.

헤드헌팅 회사가 발표하는 인기 기업의 순위는 설명회를 많이 열고 다양한 취업 활동 이벤트에 참여할수록 (학생들 사이에서 회사의 인지도가 올라가기 때문에) 올라갑니다.

그래서 기업의 인기 순위를 신경 쓰는 임원이 많은 기업일수록 설명회를 자주 열고, 대량의 팸플릿을 배포해서 지원자를 늘리고자 합니다. 그들 중에 채용 기준을 만족시키는 학생뿐만 아니라 뽑아봤자 그 기업에 입사할 마음이 전혀 없는 학생이 많을지라도, 인기 순위만 높으면 '인사부가 일을 잘하고 있다.'고 믿는 임원이 많을수록 기업은 '무조건 지원자를 모으자!'는 방향으로 치닫게 됩니다.

비즈니스 현장에서 경쟁 기업보다 취업 인기 순위가 월등히 높다는 것은 물론 기분 좋은 일입니다. 하지만 인기 순위를 유지하기 위해 면접에 동원되는 사원들의 귀중한 시간과 막대한 비용도 의식해야 하지 않을까요? 이는 경영 자원의 효과적인 활용이라는 경영상의 과제이기도 합니다.

거품 경제가 붕괴되기 전까지는 많은 우리 기업이 수익을 무시하고

서라도 매출이나 시장 점유율을 늘리고자 했습니다. 경영 전반에서도 질보다는 규모나 양이 우선시되던 시대였죠. 그러나 해외 투자자의 주식 보유율이 높아진 요즘은 수익률이나 ROE(자본이익률) 등 자본의 생산성이나 투자에 대한 수익률을 중시하는 기업이 늘고 있습니다.

하지만 질보다 양을 중시하는 사고방식은 여전히 조직의 곳곳에 뿌리 깊게 자리 잡고 있습니다. 경우는 다르지만 채용설명회에 가능한 한 많은 학생이 오기를 바라는 생각도 그중 하나입니다.

경영자는 오히려 인사부에 "왜 10명을 채용하기 위해 1,000명이나 모아야 하지?" "1,000명이 아니라 500명 중에서 10명을 채용할 수 있도록 하기 위해 우린 지금까지 어떤 노력을 했지?" 하며 채용의 생산성을 따져야 할 것입니다.

개중에는 채용 이벤트에 많은 지원자가 모이면 회사 이름이나 브랜드의 인지도가 높아져 기업의 영업 효과가 있다고 기대하는 사람도 있습니다. 그러나 불합격자를 늘려서 과연 얼마나 영업 효과를 볼지, 또 자사 브랜드를 사람들이 긍정적으로 받아들이게 할 수 있을지 의문입니다. 서로의 시간만 낭비하는 건 아닌지요. 기업에 좋지 않은 인상을 받을 사람을 최소한으로 줄이는 (가능하다면 아예 없애는) 것이 가장 생산성이 높은 궁극적인 채용 방식이라 할 수 있습니다.

스스로 거르게 하는 것이 상책이다

채용의 생산성을 높이는 데는 구체적으로 어떤 방법이 있을까요? 요즘 가장 많이 사용되는 '생산성을 높이기 위한 방법'은 채용 사이트가 아닌 자사 사이트를 통해서만 지원할 수 있게 한다거나, 시간이 걸리는 과제나 작문, 타사에 없는 독특한 과제를 요구함으로써 '일단 지원하고 보자.'는 자세를 갖고 있는 지원자를 줄이는 방법입니다.

주로 텔레비전 광고에 자주 등장하는 유명 기업이나, 일부 지원자들에게 열광적인 인기를 얻는 벤처기업 등이 많이 사용합니다. 이러한 기업들 사이에서는 채용 인원에 비해 너무나 많은 사람이 지원하기 때문에 '채용의 생산성이 너무 낮다.'는 문제의식이 높아지고 있습니다.

또 한 가지는, 지원자가 자기 진단을 할 수 있는 정보를 제공하는 것도 효과적입니다. 기업이 지원자를 학력이나 적성으로 선별하는 것을 '스크리닝(Screening)'이라고 부르는데, 반대로 지원자 자신이 '이 기업은 나에게 맞는 곳인가?'를 판단하는 것이 '셀프 스크리닝(Self-screening)', 즉 자기 진단이라고 합니다.

이를 위해서는 채용 사이트나 팸플릿을 만들 때 '얼마나 많은 지원자를 끌어들일 것인가.'가 아니라, '얼마나 자사가 원하는 지원자만을 끌어들일 것인가.'에 초점을 둘 필요가 있습니다.

예를 들어 팸플릿이나 웹사이트에 실린 젊은 사원을 소개하는 페이지가 있다고 합시다. 많은 기업은 최대한 다양한 지원자를 끌어들이고자 이런 식의 다양한 사원의 예를 들곤 합니다.

- 스포츠 모임에 소속되어 4년간 경기를 해본 사원
- NPO(Non Profit Organization: 비영리단체), 유학생 지원 활동에 참여했던 사원

・오로지 연구자로서 한길에만 매진해온 이공계 사원

　이처럼 '누구든지 환영합니다.'라는 메시지를 보내면 지원자들 입장에서는 도저히 자기 진단을 할 수가 없습니다. 그야말로 방향 없이 양을 추구하는 방법론이기 때문입니다.

　한편 똑같은 3명을 예로 들더라도, 이런 식으로 예를 들면 학생들은 '이 기업에 들어가려면 리더십 경험이 꼭 필요한 거구나.'라는 생각을 합니다.

　・스포츠 모임에서 훌륭한 리더로서 역량을 발휘해온 사원
　・NPO나 유학생 지원 활동에 리더십을 발휘해온 사원
　・연구실이나 학생 활동 중 리더로서 역량을 발휘해온 사원

　이처럼 구체적인 방향을 담아내는 것이 지원자에게 자기 진단의 기준을 제공할 수 있는 효율적인 방식입니다. 지원하기에 적합하지 않은 학생이 흔한 팸플릿이나 웹사이트를 보고 '이 기업은 내겐 맞지 않아.'라고 스스로 판단할 수 있을까요? 아니면 '나야말로 이 기업이 원하는 사람이야.' 하고 쉽게 판단할 수 있을까요? 채용을 위한 팸플릿이나 의사소통 매체를 제작할 때는 그러한 관점에서 생산성을 최대한 높일 수 있도록 노력해야 합니다.

　'다양한 학생을 채용한다.'는 것은 '누구든지 채용한다.'는 뜻이 아

닙니다. 기준을 충족시킨 사람 중에서 다양한 인재를 채용하고 싶다면 그 기준을 알기 쉽게 지원자들에게 전달해야 합니다.

뻔한 말, 하나마나한 메시지를 버리다

생산성을 높이는 훌륭한 인재 채용의 본보기가 되는 기업이 있습니다. 바로 몇 년 전 열악한 노동환경이 문제시되었던 패스트리테이링 [Fastretailing: 유니클로 등 의류회사를 산하에 둔 회사로, 캐주얼 의류업계 세계 랭킹 3위의 대기업이다. _역자]입니다. 과거에 노동환경의 가혹함이나 높은 조기퇴직률로 '블랙컴퍼니'라는 불명예를 얻고, 인재 채용뿐만 아니라 사업 활동 자체에도 막대한 위기를 맞이했었습니다.

하지만 패스트리테이링은 이러한 위기를 맞아 경영진 스스로 대대적인 노동환경 개선을 약속하고 전 사원의 연봉 수준(계급별)을 공개하는 대담한 정책을 실시했습니다. '열악한 조건에서 성과를 올린 사람에게는 그에 걸맞은 보상을 지급한다.' '높은 성과를 올린 사람은 나이가 어려도 높이 평가받는 직장이다.'라는 메시지를 전달함으로써 자연스럽게 문제를 해결했습니다.

그때 만약 '이제부터는 모두가 즐겁게 일할 수 있고, 사람을 우선시하는 직장으로 바꾼다.'는 식의 상투적이고 모호한 메시지를 전달했다면 어떻게 되었을까요? 듣기에는 좋지만 잘못된 자기 진단으로 이어져서 문제를 성공적으로 해결하지 못했을 것입니다.

그 후 이 회사는 '유니클로 제품이 너무 좋다.' '매일 유니클로 제품만 입는다.'라는 식의 상품에 대한 좋은 이미지만 나열하고 무턱대고 지원하는 지원자 수를 줄였습니다. 대신에 '어느 정도 스트레스를 받는 노동환경이지만, 성과에 따라 차별 없이 보상받는 직장에서 일하고 싶다.'라고 생각하는 지원자들을 끌어들이는 데 성공했습니다.

전 사원의 연봉 공개라는 대담한 정책은 이처럼 위기를 기회로 전환하는 계기를 만들었고, 지원자들의 자기 진단을 독려함으로써 채용의 생산성을 대폭 높이는, 그야말로 신의 한 수였습니다.

한편 부적절한 자기 진단 기준을 계속 방치한 결과, 채용의 생산성이 떨어진 기업도 있습니다. 예를 들면 '도쿄대학 출신이면 누구든지 합격이다.'라는 소문을 방치해두면, 해마다 '절대 떨어질 일 없는 취업처'를 확보해두기 위해 지원하는 '허수'의 도쿄대생이 늘 수밖에 없습니다.

그럼에도 도쿄대생이 많이 지원하기만 바라는 기업이 있을지도 모릅니다. 하지만 채용의 생산성이라는 측면에서는 시간과 노력만 들고, 뽑아놓으면 3개월도 채우지 못하고 그만두는 사례가 늘어 결코 바람직한 정책이라고는 할 수 없습니다.

일류대 졸업생이 지원 동기조차 불분명한 이력서를 보냈더니 가차 없이 서류전형에서 탈락했다는 식의 정보는 이내 소문이 납니다. 그 것만으로도 무성의한 입사 지원이 대폭 줄고 생산성의 저하를 막을 수 있습니다. 이제 양을 추구할 것인가, 아니면 질을 추구할 것인가를 고민해야 합니다. 생산성이라는 관점에서는 말할 나위 없이 후자를 선택해야 합니다.

　이처럼 머리로는 생산성의 중요성을 이해하는 것 같지만, 실제로 비즈니스 현장에서는 질보다 양을 우선시하고 생산성을 등한시하는 일이 비일비재합니다.

　이는 예산이나 우수한 인재라는 귀중한 경영자원을 낭비하는 일이며, 그만큼 더 중요한 부분에서 성과를 내지 못한다는 얘기도 됩니다.

　이처럼 사무직에서 생산성을 경시하는 풍조는 인재 채용뿐만 아니라 많은 분야에서도 엿볼 수 있습니다. 다음 강의부터는 그 배경에 무엇이 있는지, 왜 그런 문제가 발생하고 있는지에 대해 살펴보기로 하겠습니다.

1강

'짜내는 것'에서 '가치'로

생산성 향상을 위한
네 가지 방법

―――   비용 삭감 중심의 생산성 향상은 절대적인 한
계에 직면했습니다. 쓸데없는 비용은 당연히 줄여야 합
니다. '철야', '야근', '전기 절감', '이면지 사용'…. 다 좋습니
다. 그러나 이미 허리띠를 졸라맬 대로 맨 기업에게 이는
생산성 향상의 궁극적인 방법이 될 수 없습니다. 그런데
도 계속해서 비용 삭감만을 추구하다 보면 생산성 향상
은커녕, 자유로운 발상에 필요한 마음의 여유조차도 제
거하게 됩니다.

마른 걸레 쥐어짜면 생산성이 오를까

생산성은 '성과물'과 그 성과물을 획득하기 위해 '투입된 자원의 양'을 비교 계산해서 판단합니다. '출력÷입력'이라고 이해하면 좋습니다. 표1

아주 간단한 예를 하나 들자면, 10명의 사원이 10억의 이익을 올리는 기업의 한 사람당 이익은 1억 원이 됩니다. 같은 이익을 5명이 달성하는 회사가 있다면 한 사람당 이익은 2억 원이 되고 후자의 노동 생산성이 전자보다 두 배 더 높다고 할 수 있습니다.

계산식의 분자에는 매출이나 부가가치액, 분모에는 자금이나 시간, 노동자 수 등 다양한 숫자가 들어가지만, 결국 생산성은 '성과÷투입 자원'이라는 나눗셈으로 계산됩니다. 따라서 생산성을 높이기 위해선 두 가지 방법이 있습니다. 성과액(분자)을 늘리는 것과, 투입 자원(분모)을 줄이는 것입니다.

이때 많은 기업이 성과액을 높이기 위한 방책으로 야근을 하거나 일손을 늘리는 등 '투입 자원을 늘리는' 방법을 안이하게 선택합니다.

생산성의 정의를 보면 알 수 있듯이 투입 자원을 늘리면 생산성은 떨어지게 됩니다. 따라서 야근시간을 늘려서 일을 더 많이 달성할지라도 결국 생산성은 줄어들고 맙니다. 왜냐하면 야근수당은 보통의 근무시간 시급보다 훨씬 높고, 장시간 노동으로 지치고 피곤하면 야근 당일뿐 아니라 그 다음날의 생산성까지도 떨어지기 때문입니다.

기업은 일이 바빠지면 곧바로 (비정규직을 포함한) 일손을 늘리지만, 이 또한 많은 경우 조직의 생산성을 낮추는 결과를 가져옵니다. 성급하게 고용한 신입사원은 기존 사원보다 생산성이 높지 않을뿐더러, 주로 생산성이 낮은 작업을 그들에게 떠맡기게 되므로 생산성이 낮은 일이 문제의식 없이 사내에 남아 있게 됩니다.

이렇게 말하면 '그럼, 투입 자원을 줄이면 되지.'라고 생각하는데, 이는 두 번째 문제라고 할 수 있습니다. 이럴 때 대부분의 기업은 점심시간에 사무실의 전기를 끊는다든지, 이면지 사용을 의무화하는 식의 비용 삭감책만 씁니다.

표1 생산성의 정의

쓸데없는 비용은 당연히 줄여야 합니다. 하지만 이미 최소한으로 비용을 삭감해온 기업이 허리띠를 더 졸라매기란 쉬운 일이 아닙니다. 그런데도 계속해서 비용 삭감만을 추구하다 보면 생산성이 높아지지 않을 뿐 아니라, 자유로운 발상에 필요한 마음의 여유조차 사라지게 됩니다.

이처럼 생산성을 제대로 이해하지 못한 기업은 다음과 같은 결과를 초래하게 됩니다.

- 성과를 높이기 위해 안이하게 자원을 추가로 투입함으로써 생산성이 더욱 떨어진다
- 비용 삭감 이외의 방법을 쓰지 않기 때문에 생산성 개선 효과가 미미하다

앞서 말한 바와 같이 생산성을 높이기 위해서는 분모인 투자 자원을 줄이는 방법과 함께 분자인 성과액을 올리는 방법도 존재합니다.

판매하는 상품이나 서비스의 부가가치와 가격을 올리는 것이 그 전형적인 예인데, 무턱대고 가격만 올린다면 시장(소비자)이 납득하지 못하게 됩니다.

따라서 기업은 다음과 같은 일을 해야 합니다.

① 고객이 더 높은 가치를 느낄 수 있는 상품을 개발·개선한다

② 가격을 올린다

③ 새 가격에 걸맞은 높은 가치를 고객이 납득할 수 있도록 전한다

①은 상품개발이나 서비스 설계이고 ②는 프라이싱(pricing)이고 ③은 고객과의 의사소통으로, ②와 ③은 넓은 의미에서 '마케팅'이라 불리는 분야입니다.

'생산성 향상이라고 하면 비용 삭감'이라고 인식하는 사람이 많은데, 이는 상품 기획이나 마케팅에 영향을 주지 않는 공장에서만 주로 그 말을 사용해왔기 때문이겠죠. 하지만 생산성을 높이기 위해서는 비제조 과정에서의 연구와 노력이 필수 불가결합니다.

생산성을 높이기 위해서는 '성과 제고'와 '투입 자원량의 삭감'이라는 두 가지 방법이 있다는 사실을 이해해야 합니다. 즉 안이하게 투입 자원량을 늘리려고 하지 말고, 비용 삭감뿐 아니라 부가가치를 높이는 방법도 함께 고려해야 합니다.

개선하거나, 혹은 혁신하거나: 생산성 향상을 위한 네 가지 방법

생산성을 높이기 위한 두 가지 방법, 즉 '성과 제고'와 '투입 자원량의 삭감'에는 각각을 달성하기 위한 개선과 혁신의 두 가지 방법이 있습니다. 결국 생산성을 높이기 위한 방법에는 모두 네 가지가 존재합니다. 표2

네 가지 방법에 대해 각각 구체적인 사례를 들어보도록 하겠습니다.

방법1 개선을 통한 투입 자원 삭감

제조 현장에서는 '개선을 통한 투입 자원의 삭감'을 다음과 같이 할 수 있습니다. 작업 순서를 변경하거나, 불필요한 작업을 줄이거나, 혹은 부품이나 공구를 놓는 장소를 변경하는 등 일하는 환경을 정비해서 작업 효율성을 높이는 것을 예로 들 수 있습니다.

사무직 분야에서는 그룹웨어(groupware) 등으로 의사소통을

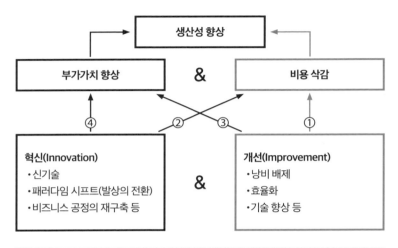

표2 생산성 향상을 위한 네 가지 방법론

효율화하거나, 서류 정리법이나 파일의 공유 방법을 변경해서 불필요한 작업이나 중복되는 서류를 줄이는 방법이 이에 해당합니다.

그밖에도 엑셀로 매크로프로그램을 이용하거나, 손으로 쓰는 서류를 컴퓨터로 입력할 수 있는 포맷으로 바꾸는 등 IT를 적극적으로 활용하는 것도 개선을 통한 비용 삭감입니다. 실제로 많은 기업들이 이를 시행하고 있으며 누구든지 쉽게 생각할 수 있는 생산성 향상책이라고 할 수 있습니다.

방법2 혁신을 통한 투입 자원 삭감

제조 현장에서는 로봇 등의 대형 공작기기를 도입해 조립 공정을 자동화하거나 제품 설계를 근본적으로 재검토함으로써 부품의 수나 설계도면 수를 대폭 줄이는 등의 수많은 혁신이 지속적으로 일어나고 있습니다.

한편 해외로 눈을 돌려보면 비제조업 분야에서도 많은 사례를 찾아볼 수 있습니다. 미국의 신용카드 회사나 소비자 대출을 제공하는 기업은 임금이 저렴한 인도에 특수 언어학교를 설립하여 인도 특유의 억양이 없는 영어를 구사하는 인도 사람을 대규모로 양성했습니다. 그리고 그들을 고용한 후 콜센터를 아예 인도로 이전해버렸습니다. 미국에 거주하는 소비자들은 신용카드 독촉 전화가 설마 인도에서 걸려올 거라고 생각도 못했을 것입니다. 게다가 그 영어가 인도 사투리 교정 학교에서 습득한 것이라고 상상도 못했을 것입니다.

이러한 혁신적인 방법으로 비용 삭감을 꾀함으로써 콜센터의 생산성은 대폭 상승했습니다. 이는 고객을 응대할 때 매뉴얼을 꼼꼼히 재검토하거나 전화 상담원을 연수시켜서 한 건의 클레임당 처리 시간을 몇 퍼센트씩 삭감하는 식의 노력과는 차원이 다른 변화를 가져다주었습니다.

짐이나 여객을 운반할 때 허브 시스템을 구축하는 것도 혁신

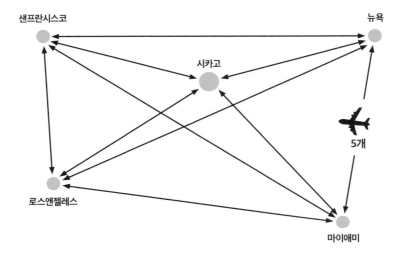

표3 개별 노선으로 운반할 경우(5개 도시, 10개 노선)

적인 아이디어로 비용을 대폭 삭감한 사례입니다. 짐이나 사람을 운반할 때 출발지와 목적지를 직접 잇는 노선으로 운반하지 않고 일단 허브 거점으로 모든 것을 옮기고 나서 거기에서 최종 목적지까지 비행기로 갈아 태우는 것입니다. 그러면 노선 수가 줄어드는 데다가 비행기 사용 효율성이 훨씬 높아져서 대폭으로 비용을 삭감할 수 있습니다.

표3을 참조하기 바랍니다. 각 도시에서 목적지로 직접 각각 5

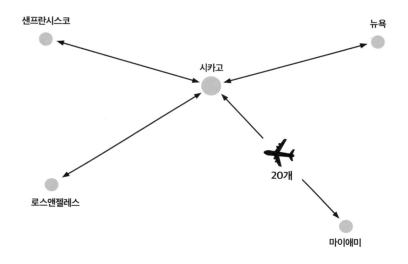

표4 허브공항을 만들어 운반할 경우(5개 도시, 4개 노선)

개의 짐을 보내려고 하면 전체적으로는 10개 노선이 필요합니다. 더구나 각각의 비행기에 태우는 짐은 5개뿐입니다.

한편 표4처럼 시카고를 허브 공항으로 설정하면 비행기를 띄워야 할 노선이 4개로 줄어들고, 1대의 비행기에는 각각 20개의 짐을 실을 수 있어서 1개당 운송 비용이 큰 폭으로 감소합니다 (단 여객은 짐과 달라서 갈아탈 때 스트레스를 받을 수 있기에 별도의 최적화가 필요함).

요즘은 너무나 당연하게 사용되고 있는 허브 시스템이지만, 처음 착안해냈을 당시에는 분명 개선이 아니라 '혁신'이라 부를 정도로 생산성 개선책이었습니다.

또한 상당수의 글로벌 기업들이 경리부서는 필리핀, IT부서는 인도, 인사부서는 싱가포르에 두는 방식으로 각 부서를 최적의 위치에 분산시키기도 합니다. 미국이나 유럽, 일본처럼 비용이 많이 발생하는 나라에 관리부서를 두지 않는다는 방침을 정하고, 생산성 향상을 위해 실행에 옮기고 있는 것입니다. 이 또한 조직 디자인 측면에서의 혁신이라고 볼 수 있습니다.

이처럼 지속적인 연구를 통한 개선으로 비용을 삭감하는 방법 이외에, 기존의 발상을 완전히 바꿔버리는 혁신적인 방법도 존재합니다. 물류나 상류[product flow: 상품 유통에서 수주, 발주, 출하, 재고 관리, 판매 관리 등의 처리 과정 _역자], 마케팅이나 경영 체제의 존재 방식 등, 제조 분야 이외에서도 수많은 사례가 존재합니다.

방법3 개선을 통한 부가가치 증가

제조 현장에서라면 작업자를 연수시키거나, 숙련된 기술자의 기술을 신인에게 전수함으로써 좀 더 부가가치가 높은 제품을 만들게끔 하는 방법을 들 수 있습니다.

전략부서에서도 상품의 포장 디자인을 바꿔서 고급스러운 느낌을 주어 가격을 올린다거나, 인기 스타를 광고에 내보내 평소 구매하지 않던 사람들에게도 어필하려는 노력을 많이 엿볼 수 있습니다. 이 모두가 많은 사람들이 사용하는 방법입니다.

다만 여기에서 주의할 점은 부가가치가 높아졌는지 떨어졌는지를 판단하는 것은 기업이 아니라 소비자라는 사실입니다. 설령 공급자가 '상품의 질이 전보다 훨씬 좋아졌다.'고 생각할지라도 그만큼의 가치를 소비자가 느끼지 못한다면 가격을 올릴 수 없습니다.

국내 기업들은 '부가가치 향상 = 새로운 기능 추가' 혹은 '부가가치 향상 = 고성능화'라고 생각하는 경향이 있습니다. 그러나 서구의 가전제품 제조회사들은 오히려 기능을 간소화해서 부가가치와 가격을 올리고 있습니다.

기업 입장에서 보면 '기능을 줄이고 비용을 줄여 부가가치를 높인다.'는 일은 있을 수 없다고 생각할지도 모릅니다. 그러나 소비자 입장에서 보면, 불필요한 기능이 빠져 사용하는 데 편해져서 좋고, 기능이 단순화하면서 더욱 직관적인 디자인을 만끽할 수도 있습니다.

반대로 요즘 소비자들은 원자재 값이 올라서 가격을 올린다는 식의 기업 논리를 더 이상 용납하지 않습니다. 소비자는 다른 값싼 대체재를 찾아 떠나면 그뿐입니다.

가격 인상을 용납하는 경우는 대체품이 없는 상품이거나 원자재의 조달이 어렵고 공급량이 줄어서 소비자들이 상품을 구입하기 어려워졌을 때뿐입니다.

원자재 비용에 바탕을 둔 가격 책정과 수요 공급에 바탕을 둔 시장형 가격 책정은 같아 보여도 전혀 다릅니다. 이미 수많은 기업과 수많은 공급자가 서로 경쟁하는 시장에서 '원자재비의 상승에 따른 가격 상승'이 통하지 않는다는 사실을 뼈아픈 경험을 통해 배웠을 것입니다.

즉 생산성을 계산할 때의 분자인 '성과의 가치'는 분모인 '투입 원자재 가치'의 합계가 아니라 '고객이 평가하는 가치'인 셈입니다. 이를 이해하지 못하면 기능을 단순화해서 가격을 올리는 남다른 발상을 하기 힘들게 됩니다.

방법4 혁신을 통한 부가가치 증가

일본에서는 화학 제조사나 원자재 제조사가 새로운 기능이 있는 신소재를 개발해 부가가치액을 월등히 높임으로써 생산성을 향상시키는 예가 흔합니다.

최근에는 신약 개발 분야에서도 게놈 해석이나 iPS세포[induced pluripotent stem: 유도다능성 줄기세포 _역자]와 같은 혁신적인 기술을 통해 차원이 다른 부가가치의 상승이 일어나기 시작했습니다. 인터넷이나 인공지능 등도 이와 같은 방법으로 기술적인 돌파구가 '혁신 → 부가가치의 대폭적인 증가'로 직결되곤 합니다.

물론 기술 이외의 분야에서도 '혁신을 통한 성과의 대폭적인 증가'를 보여주는 사례는 수없이 많습니다. 예를 들어 페이스북은 사용자들을 서로 연결함으로써 인터넷이나 구글에서 검색되지 않는 커뮤니티 내부의 세계를 만들어냈습니다. 이로써 사용자들은 '누가 볼지 모르는 두려운 인터넷의 세계'를 '지인들만 보는 안전한 세상'으로 바꾸어놓았습니다.

지금까지는 온갖 수단을 다 동원해서 혜택을 주지 않으면 모을 수 없었던 귀중한 개인정보를 본인 스스로 인터넷에 기꺼이 입력하게 하는 획기적인 방법으로 모을 수 있게 되었습니다. 이것은 개인정보 수집 방법에 획기적인 돌파구이자 혁신이었습니다.

특히 지금까지 인터넷을 두려워하며 거리감을 두었던 사회 상류층의 보수적인 사람들마저도 출신지나 생일 등의 개인정보를 스스로 제공하게 된 것은 무척 놀라운 일입니다. 이러한 사람들은 경제력이 높고, 그 개인정보의 가치도 상대적으로 높기 때문입니다.

이것은 기술적인 혁신이라기보다는 비즈니스 모델의 혁신이라고 할 수 있습니다. 이렇게 페이스북은 '개인정보 수집의 생산성'을 대폭으로 높이는 데 성공했으며, 이는 자사의 매우 높은 부가가치(광고비)로 이어졌습니다.

혁신적인 발상은 높은 생산성에서 나온다

지금까지의 설명을 정리해보면 생산성을 높이기 위한 방법에는 분자의 최대화와 분모의 최소화라는 두 가지 방법이 있고, 나아가 이를 각각 달성하기 위한 수단으로 혁신(innovation)과 개선(improvement)이라는 두 가지 방법이 있습니다.

> **| 생산성을 높이는 네 가지 방법 |**
>
> ① 개선=improvement을 통해 투입 자원을 줄인다
>
> ② 혁신=innovation을 통해 투입 자원을 줄인다
>
> ③ 개선=improvement을 통해 성과를 높인다
>
> ④ 혁신=innovation을 통해 성과를 높인다

여러 번 말한 대로 일본에서는 제조 현장에서의 개선 운동을 통해 '생산성'이라는 개념이 보급되었기 때문에 '생산성을 높이는 방법 = 개선을 통한 비용 삭감'이라는 사고방식이 뿌리 깊게 남아 있습니다.

그렇기 때문에 기획 부문이나 개발 부문 등 '자유로운 발상이 중요한 일에 종사하는 (혹은 그렇게 자부하는) 사람들은 자신의 일에도 생산성 향상이 얼마나 중요한지 인식하지 못한 채 살아왔습니다.

비용 삭감뿐 아니라 성과의 가치를 올리는 것도, 그리고 개선뿐만 아니라 혁신적인 발상이나 기술을 구사해서 생산성을 대폭 향상시키는 일도 모두 똑같이 중요합니다. 이러한 네 가지 방법이 전혀 상관없는 부분이나 업무, 즉 생산성 향상이 불필요한 영역 따위는 어디에도 존재하지 않습니다.

상품 개발이나 서비스 개발에서 물류나 재고 관리, 고객 서비스, 연구 개발이나 인사·경리·법무 등 관리 분야를 포함한 모든 부서에서 끊임없이 생산성 향상을 목표로 해야 합니다. '제조업이 아니라서 생산성과는 상관없다.' '개발이나 기획만 하지 오퍼레이션 부서가 아니라서 상관없다.'는 생각은 아주 낮은 수준의 사고법입니다.

요즘에는 제조 분야뿐 아니라 연구나 개발 분야, 혹은 영업이나 마케팅 분야에서도 생산성을 어떻게 높일지가 중요한 문제입니다. 나아가 채용이나 인재 육성을 비롯하여 조직의 모든 분야에서 생산성을 높이고자 늘 노력하는 기업이 많습니다. 그러한 기업에 '생산성을 높여야 하는 곳은 제조 분야뿐'이라든지 '생산

방법론(approach)

	개선(improvement)	혁신(innovation)
분자의 확대	판매 방법 연구 작업 수순의 변경 등	획기적인 상품 설계 참신한 비즈니스 모델 등
분모의 감소	비용 삭감	비즈니스 과정의 재구축 국제 분업 등

생산성 향상 계획

↑
일본 기업은 주로 이 분야에만 집중

표5 생산성을 의식해야 할 분야의 확대

성을 높이기 위한 방법은 경비 삭감뿐'이라는 식으로 반박한다면, 이는 스스로 갈 길이 멀다는 것을 증명하는 꼴입니다.표5

사무직에 종사하는 사람 중에는 자신의 일이 노동직보다 자유롭고 창조적이며 난이도가 높다고 생각하는 사람도 있습니다.

이 근거 없는 우월감 때문에 사무직 분야의 생산성 향상을 위한 교육이나 새로운 제도를 도입하려고 하면 '효율성만 추구하면 양질의 업무는 기대할 수 없다.'는 식의 심리적인 저항감을 드러내곤 합니다.

하지만 비제조 분야를 포함한 조직 전체의 생산성 향상은 기업(나아가서는 산업이나 국가 전체)이 낳을 수 있는 부가가치의 크기를 규정하고, 각각의 경쟁력에도 영향을 주는 중요한 경영 과제 중 하나입니다.

따라서 이제부터라도 모든 분야에서 일하는 사람들이 생산성의 중요성을 이해하고 겸허하고도 진솔하게 일의 생산성을 조금이라도 높이고자 노력하는 자세가 절실히 필요합니다.

2강

일 밖으로 나온 사람들

생산성 높은 조직이
더 창의적이다

—— 혁신이 높은 생산성으로 이어진다는 말은 누구나 다 인정하는 사실입니다. 그러나 높은 생산성을 추구해야 혁신이 이뤄진다는 사실에 관해서는 선뜻 동의하지 못합니다. 생산성에 연연할 때 창의적이지 못할 것이라는 잘못된 믿음 때문입니다. 그러나 애플, 구글 등 글로벌 혁신 기업들을 보면, 높은 생산성을 추구한 결과 혁신적인 제품과 비즈니스를 선보였다는 것을 알 수 있습니다. 통상적인 고정 업무를 획기적으로 줄임으로써 새로운 아이디어나 시도에 투자할 시간과 자금을 집중할 수 있었기 때문입니다.

닭이 먼저인가 달걀이 먼저인가, 혁신과 생산성

'혁신과 생산성 향상은 양립할 수 없다. 둘 중 하나만 선택해야 한다.'는 잘못된 생각도 조직 전반에 생산성의 개념을 확산하는 데 중요한 장애 요소가 되고 있습니다. 이번 강의에서는 그 점에 대해 설명하고자 합니다.

앞서 설명한 바와 같이 이 두 가지는 '혁신으로써 생산성이 비약적으로 향상한다.'는 수단과 결과의 관계에 있습니다. 이 사실을 부인하는 분은 없겠지만, 표6에서 보는 것처럼 '혁신이 일어나면 결과적으로 생산성이 높아진다는 것은 이해할 수 있으나, 혁신을 일으키고 싶다면 생산성에 연연해서는 안 된다.'고 믿는 사람들이 있습니다.

표6 생산성 향상과 혁신의 관계

이 또한 근거 없는 믿음입니다. 결론부터 말하자면 생산성 향상에 무관심한 기업이 연달아 혁신을 일으키는 기적이란 없습니다. 조직 전반이 생산성 향상을 의식해야 혁신이 일어나기 쉬운 조직 풍토가 마련됩니다.

즉 조직 전반에서 생산성 향상을 위해 노력하면 혁신에 필요한 요소, 즉 '혁신을 위한 시간(Time for innovation)'과 '혁신을 위한 동기부여(Motivation for innovation)'가 생겨나게 됩니다.

우리는 '빈' 시간이 필요하다

혁신을 위해 가장 먼저 필요한 것은 '시간적인 여유'입니다. 생산성이 경시되는 조직에서 사원들은 장시간의 야근을 강요받는 등 '밭 매는 업무'에 쫓겨 새로운 아이디어나 시도에 투자할 시

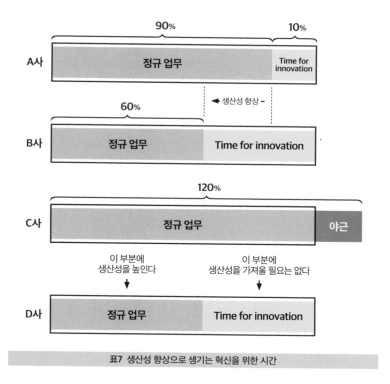

표7 생산성 향상으로 생기는 혁신을 위한 시간

간과 자금, 그리고 충분한 마음의 여유를 가질 수 없습니다. 특히 사업 확장 시기에는 이러한 업무가 급증하기 때문에 의식적으로 생산성 향상을 도모하지 않는 한, 다음 단계로 비약하기 위한 시간 투자가 부족하게 마련입니다.

　표7의 A사는 정해진 노동시간 중 90퍼센트를 부가가치가 낮

은 정규적인 업무를 하는 데 쓰고 나머지 10퍼센트를 혁신에 할애하는 직장입니다.

만일 A사의 생산성이 개선되어 일상적인 업무를 더욱 단시간에 끝낼 수 있다면 혁신에 투자할 시간이 늘어서 B사처럼 될 수 있습니다. 한편 생산성이 더 낮은 C사의 경우엔 규정된 노동시간 안에 일상적인 업무가 끝나지 않아 사원들이 부가가치가 낮은 일을 위해 야근을 해야 합니다.

이 A, B, C 3사를 비교했을 때 과연 어느 조직이 가장 '혁신을 만들어내기 쉬운 조직'일까요?

아무리 생각해도 C사보다는 생산성이 높은 B사에서 일하는 사람들이 혁신을 창출할 확률이 높을 것 같지 않을까요?

'일단 눈에 보이는 일부터 먼저 끝내자.'라고 생각하는 것이 인지상정입니다. 할 일이 산더미 같은데 "오늘은 온종일 혁신적인 아이디어에 대해 생각했어!"라고 말할 수 있는 사람은 없을 것이며, 만일 그런 사람이 있다고 해도 조직이 용납하지 않을 겁니다.

'혁신의 추구와 생산성의 향상은 양립하지 않는다.'라는 사고방식은 D사처럼 혁신 자체를 낳는 프로세스에 생산성을 끌어들이지 않는 것이 좋다는 것이지 생산성이라는 개념을 완전히 무시해도 된다.'는 얘기는 아닙니다.

동시에 표7을 보면 '생산성을 너무 의식하다 보면 현장 분위기

전형적인 정규 업무의 생산성 향상
여유 시간이 생긴다
여유 시간을 혁신을 위해 투자
혁신으로 대폭적인 생산성 향상을 실현

표8 생산성 향상의 프로세스

가 서먹서먹해진다.'든지 '효율을 추구하다 보면 일이 즐겁지 않게 된다.'는 식의 주장이 결코 사실이 아님을 알 수 있습니다.

하는 일의 부가가치가 낮아서 '내가 이 일을 하는 데 무슨 의미가 있을까?'라는 의구심이 드는 작업을 계속해야 한다면 일하는 사람의 정신이 피폐해집니다. 그리고 동료 간 인간관계가 서먹해지는 것은 사람들이 한눈팔 틈도 없이 시간에 쫓겨 일하기 때문입니다.

그런 일은 그만두든지, 자동화하든지, 점점 효율화시킴으로써

(생산성을 높임으로써) 여유 시간을 얻고, 그 시간을 일과 삶의 균형 개선이나 혁신을 위해 사용하면, 직장 분위기도 훨씬 밝아지고 사원들의 의욕도 불러일으킬 수 있습니다.

이처럼 '평소 반복적인 업무의 생산성 개선→혁신을 통한 생산성의 더 큰 개선'으로 이어지는 시스템을 위해서라도 우선 조직 전체에 생산성을 중시하는 업무 방식을 정착시켜야 합니다. 표8

기술적 혁신 vs 비기술적 혁신

시간적인 여유가 생기는 '혁신을 위한 시간'을 만들기 위해서는 반드시 혁신을 해야 한다는 충분한 동기부여가 이뤄져야만 하고, 이를 위해서라도 생산성을 의식하는 것이 중요합니다.

본론으로 들어가기 전에, 이 지점에서 하나 알아두어야 할 것이 있습니다. 바로 혁신에는 기술적 혁신과 비기술적 혁신이라는 두 가지 유형이 존재한다는 사실입니다. 그리고 그 차이를 먼저 이해하고 넘어가야 합니다.

기술적 혁신과 비기술적 혁신이 생기는 방식(일어나는 메커니즘)은 매우 다릅니다. 기술적 혁신의 대부분은 맨 처음 획기적인 기술을 발견하거나 확립되는 데서 시작됩니다. 그 기술이 어떻게 사회나 사람들의 생활을 바꾸어갈지 상상할 수는 있지만, 처음부터 전체 그림을 파악할 수 있는 사람은 아무도 없습니다.

인공지능, iPS세포, 유전자공학, 우주개발, 양자컴퓨터 등은 모두 앞으로 세상을 크게 바꿀 연구 분야입니다. 이러한 기술을 실생활에서 사용하는 날이 오면 폭넓은 분야에서 생산성이 엄청나게 개선될 것입니다.

하지만 그것이 미래 사회를 구체적으로 어떻게 바꿀지는 아직 명확하지 않습니다. 인터넷이 맨 처음 세상에 생겨났을 때만 해도, 지금처럼 모든 사람이 인터넷에 항상 연결된 스마트폰을 들고 다니며 증강현실을 마음껏 누릴 수 있으리라고 그 누가 상상이나 했습니까?

새로운 물질을 발견한다든지, 지금보다 몇만 배나 빨리 계산할 수 있게 된다든지, 획기적인 기술을 발견 혹은 발명한다고 해봅시다. 이로 인해 미래 사회나 생활이 어떻게 바뀔지 구체적으로는 알 수 없겠지만, 틀림없이 어떤 혁신으로 이어질 것입니다.

하지만 비기술적 혁신은 그렇지 않습니다. 예를 들면 '화폐제도의 확립'이라든지 '거래처 확립' 등의 경제적인 혁신, '주식회사 = 유한책임제도'와 같은 법률상이나 비즈니스상의 혁신은 모두 비기술적 혁신이라고 할 수 있습니다.

이러한 비기술적 혁신도 사회를 크게 변화시키고 관련 분야의 생산성을 폭넓게 높여준다는 의미에서는 기술적 혁신과 다를 바 없습니다. 다만 기술적 혁신은 그 원천을 먼저 발견한 다음에 사회에 어떻게 적용할지 모색하며 이루어지는 반면, 비기술적 혁신은 그렇지가 않습니다.

이는 현실의 구체적인 문제를 해결하기 위해 누군가가 혁신적인 발상을 하고 그것을 제도화함으로써 실현하는 혁신입니다.

화폐제도를 예로 들어보겠습니다. 물물교환을 하면 거래에 시간이 너무 많이 걸립니다. 더구나 가치가 있는 사물을 먼 곳에 보내기도, 또 모아두기도 어렵습니다. 이러한 현실사회의 불편함과 구체적인 문제를 해결하기 위해 '통일된 화폐를 만들어 모든 물건의 가치를 그 화폐의 단위로 나타내면 어떨까?'라는 획기적인 방법이 제시되었던 것입니다.

이러한 혁신은 경제학자가 '무슨 도움이 될지는 모르지만 화폐라는 개념을 생각해낸' 데서 시작된 것이 아닙니다. '무슨 도움이 될지는 모르지만 지금까지 존재를 확인할 수 없었던 우주선을 관측했다.'라든지 '무슨 도움이 될지는 앞으로의 연구에 달렸지만 지금까지 불가능했던 화학반응을 일으킬 수 있게 되었다.'라는 이야기와는 방향이 180도 다릅니다.

기술적 혁신의 근원은 '우주는 어떻게 생겨났을까?' '물질은 무엇으로 만들어졌을까?' '생명이란 무엇일까?' 등등 미지의 세계에 대한 인간의 순수한 호기심에서 비롯되었습니다.

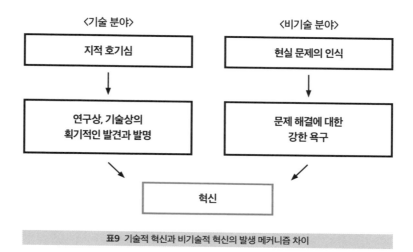

표9 기술적 혁신과 비기술적 혁신의 발생 메커니즘 차이

처음에는 "그런 것을 안다고 무슨 도움이 되나?"라는 말을 들을지 몰라도, 치밀하게 연구해서 그것을 인위적으로 조절하는 기술을 확립하면 반드시 큰 혁신이 일어나게 됩니다.

한편 비기술적 혁신이 일어나는 동기는 '눈앞에 존재하는 불편함'과 '그 문제를 한꺼번에 해결할 획기적인 해답을 찾고 싶다는 절실한 심정'입니다. 그리고 이것이야말로 생산성과 혁신의 또 하나의 관계로 이어집니다. 표9

혁신은 '널널한 조건'에서 나오지 않는다

이러한 기술적 혁신과 비기술적 혁신은 사회 전반에 존재합니다. 각 기업 안에서도 기술적 혁신과 비기술적 혁신(이하, '비즈니스 혁신')이 존재합니다.

기술적 혁신의 경우, 특정한 용도를 위해 개발한 소재가 완전히 다른 분야에서 신상품으로 다시 태어나기도 하고, 빅데이터를 해석하다가 뜻밖의 가치 있는 이용 방법을 찾아내기도 합니다. 즉 결과적으로 어떻게 도움이 될지 예상치 못했던 혁신도 많습니다.

한편 비즈니스 혁신이 일어나려면 '문제 인식'과 '획기적인 문제해결 방법을 찾으려는 강한 의욕'이 필수 요건입니다. 느닷없이 기가 막힌 아이디어가 떠오르지는 않는다는 겁니다.

그러므로 비즈니스 혁신을 일으키기 위해서는 사원들에게 '문제 인식력 = 과제 설정력'과 '그 문제를 한번에 해결하고자 하는 강한 동기'를 부여해주어야 합니다. 이것이야말로 '혁신을 위한 동기부여'이며 그것을 위해선 늘 '생산성'이라는 개념을 강하게 의식하게 해야 합니다.

아무런 문제의식도 없는 상태에서 "뭔가 획기적인 아이디어로 혁신을 만들어보세요!"라고 지시하면 어떻게 될까요? 이럴 때 일어나는 현상을, 저는 '아자아자 방식'이라고 부르겠습니다. 모두 주먹을 쥐고 '아자아자!' 하고 소리치며 기합을 넣는 동기부여 방법을 비유하는 이름이지만, 과연 그런다고 혁신이 일어날까요?

그런데도 여기저기서 '아이디어 회의'라든지 '브레인스토밍'이라는 이름으로 '아자아자 방식'의 회의가 열리는 것을 보곤 합니다.

그 결과 혁신이라고까지 할 수는 없어도, 조금 새로운 상품이나 약간 돌발적인 아이디어가 등장하기도 합니다. 단순한 예를 하나 들어보겠습니다. '지금까지 딸기 맛과 포도 맛의 사탕은 있었지만 채소 맛의 사탕은 없었다. 다음 신상품은 토마토 맛으로 선보이면 어떨까?' 하는 식입니다. 그 결과 토마토 맛의 사탕이 큰 히트를 칠지도 모릅니다. 그렇다고 그것을 '혁신'이라고 부르는 사람은 없을 것입니다.

우리는 뭔가를 연구할 때 제한이 있으면 그것을 계기로 다른 차원으로 발전할 수 있습니다. 건축가로 시작해 컨설턴트로 이직해온 제 상사는 "광대한 땅과 무한한 예산을 주고 기한도 없다고 하면 제일 좋은 아이디어가 나올 것 같지만 그렇지 않네. 현실적으로 건축에 여러 가지 제약 조건이 있지. 그 제한 속에서 좋은 건물을 짓는 도전이야말로 새로운 발상으로 이어지지."라는 말을 자주 했습니다.

일본에는 대지 10평 남짓한 '극소주택'이라고 불리는 집이 많습니다. 예산에 한계가 있는데도 4명의 가족이 각자 양보할 수 없는 조건을 요구하곤 합니다.

매우 곤란한 의뢰처럼 들리지만 그런 제한이 있으면 있을수록 건축가는 지금까지 없었던 획기적인 방법으로 그 제한을 극복하고자 합니다. 그런 마음이 새로운 설계 방법이나 새로운 건축자재 개발이라는 혁신으로 이어집니다.

만일 신상품 개발 회의에서 "기존 상품보다 생산성이 4배 이상 높은 상품을 개발하세요."라는 지시를 받았다면 '토마토 맛의 사탕은 어떨까?'라는 아이디어는 처음부터 나오지 않았을 것입니다. 토마토 맛 사탕을 딸기 맛 사탕의 4배 가격으로 파는 (혹은 4분의 1의 비용으로 만드는) 것은 불가능하기 때문입니다.

'어떻게든 생산성을 4배로 높이라!'는 말을 들어야 '4배의 가치로 팔릴 사탕에 필요한 부가가치는 무엇인가?'라고 고민하기 시작할 것입니다. 그러면 가령 유통기한이 몇 배나 길다든지, 재해 비상용품으로 판다든지, 충치를 예방한다든지, 하루에 한 알만으로 영양실조를 예방해서 국제 원조품으로 활용한다든지 등의 다양한 아이디어가 나올 것입니다.

이렇게 생겨난 아이디어는 단순히 '뭔가 좋은 아이디어는 없을까? 모두 함께 힘을 모아 지금까지 없었던 상품을 개발하자!'

라는 식의 아이디어와는 처음부터 차원이 다릅니다.

게다가 지금까지 없던 상품을 개발해서 판매하려고 하면 상품 개발에서 판매 방법, 마케팅 방법에서 배송 방법까지 다양한 분야에서 새로운 발상을 해야 합니다. 이처럼 비즈니스 혁신이란 '기존 비즈니스의 생산성을 압도적으로 향상시킬 수 있는 방법은 없을까?' 하고 고민하는 데서 탄생합니다.

혁신적인 아이디어를 실행하는 데는 그만큼의 리스크도 따릅니다. 딸기 맛 사탕의 라인업에 토마토 맛을 추가하는 정도라면 실패해도 큰 문제가 아니겠지요. 그러나 충치를 예방하는 사탕을 만들려면 지금까지와는 다른 설계 투자가 필요합니다. 판매 실적도 없기 때문에 판로도 확보하지 못한 상태에서 팔릴지 말지는 알 수 없습니다.

만약 뭔가 좋은 아이디어를 찾자며 아자아자 방식의 회의만 하고 있다면, 이처럼 리스크가 큰 아이디어는 추가 비용이 두려워 회피하고자 하는 사람들의 목소리에 눌려 실현되지 않을 가능성이 크다고 볼 수 있습니다.

하지만 처음부터 '생산성을 4배 이상 높이자!'라고 제약을 두면 리스크를 떠안는 것을 오히려 당연하게 인식할 것입니다. 모두 '뭔가를 근본적으로 바꾸지 않는 한, 갑자기 생산성을 높일 수는 없다.'고 인식하고 그것에 동반하는 리스크를 떠안아야 한다는 사실을 알고 있기 때문입니다. 이것도 단순한 아이디어 회의와 생산성을 강하게 의식하는 회의 간의 큰 차이점입니다.

단순 개선이나 비용 삭감은 답이 아니다

과거 채용 담당 매니저로 일할 때, 저는 채용 생산성을 지속적으로 높여야 하는 과제를 떠안고 있었습니다. 적성검사의 채점 방식을 자동화한다든지, 이력서 심사 방식을 바꾸는 등의 작은 변화만으로도 생산성을 일시적으로는 높일 수 있습니다. 하지만 장기간에 걸쳐 생산성을 계속 높이려면 단순한 개선이나 비용 삭감만으로는 목표를 달성하기가 힘듭니다. 당시 저와 같은 입장에 놓이면 누구나 '생산성을 대폭 높일 수 있는 혁신적인 방법은 없을까?' 하고 고민하게 마련입니다. '비즈니스 혁신'이란 이처럼 지속적으로 생산성을 향상시켜야 하는 환경에서 '온갖 개선책을 다 써봤지만 뭔가 좀 다른 방법이 없을까?' 하고 고민하는 데서 출발합니다.

예를 들면 일반적인 채용 과정에서는 입사 지원을 받은 후에 '서류전형→적성검사→면접' 순으로 후보자의 범위를 좁혀나갑니다. 이 중에서 가장 정확하게 지원자를 평가할 수 있는 방법은 말할 나위 없이 면접입니다. 면접보다 서류전형이나 적성검사로

적절한 인재를 골라낼 수 있다고 믿는 인사과 직원은 아마 한 사람도 없을 것입니다.

직접 대화를 나눠보면 누구든지 훌륭한 인재라고 여길 지원자인데도 이력서가 그다지 화려하지 않아서 문전박대당하거나, 필기시험을 잘못 봐서 면접도 치르지 못하고 탈락하는 경우도 있습니다. 어느 컨설팅 회사 서류전형에서 탈락하고 만 사람을 맥킨지에서 채용했는데, 훗날 중역으로까지 오른 사례도 실제로 있었습니다.

그런데도 왜 보통 면접을 제일 마지막 단계에서 보는 것일까요? 그 이유는 서류심사나 적성검사에 비해 시간과 경비가 더 많이 들기 때문입니다. 그렇기 때문에 면접도 처음에는 젊은 사원이 하고, 최종적으로는 중역이 맡는 것으로 정해져 있습니다. 이 또한 후자에 인건비가 더 들기 때문입니다.

하지만 이런 식으로 채용하면 1차 면접을 담당했던 사원이 알아볼 수 없었던 훌륭한 인재를 중역들이 만나보기도 전에 탈락되는 일이 비일비재합니다. 그래도 중역들이 1차 면접을 담당할 수 없는 이유는 단순히 '비용이 비싸서, 혹은 바빠서'입니다. 말하자면 일반적인 채용 방식은 효과적이지는 않지만 비용 면에서 괜찮기 때문입니다.

그러나 만약 생산성이 아주 높은 면접 방식을 고안해낼 수 있다면 이야기는 달라집니다. 만약 한 사람의 이력서 심사에 3분을 투자하는 기업이 한 사람을 3분 만에 면접할 방법을 고안해낸다면 서류심사 전에 면접을 실시할 수도 있지 않을까요?

보통 면접의 경우 일대일로 30분이라든지, 지원자 3명당 2명의 면접관이 1시간 정도 치릅니다. 그러나 면접관 1명이 30명의 입사 지원자를 1시간 이내에 면접할 수 있는 혁신적인 방식을 고안해낸다면, 채용 절차 중 면접을 제일 먼저 보는 것도 가능해지지 않을까요? 이는 30분을 들여서 한 지원자를 면접하는 방식에 비해 15배나 생산성이 높아지니까요.

이러한 비즈니스 혁신은 '면접을 보기 전에 서류전형이나 적성검사를 치름으로써 우수한 인재가 탈락할지도 모른다.'는 문제의식에서 시작해, '서류전형이나 적성검사에 필적할 만큼 생산성이 높은 면접 방식을 어떻게든 만들어낼 수 없을까?' 하고 고심하는 데서 탄생한다고 할 수 있습니다.

그것은 결코 "혁신적인 방식으로 인재를 채용하는 회사를 만들자!"라고 거창하게 떠들거나 "뭔가 혁신적인 채용 방식은 없을지 우리 함께 머리를 맞대자."라고 회의를 한다고 만들어지는 것은 아닙니다.

앞으로 채용 방식에도 다양한 혁신이 일어날 것을 기대해봅니다. 일본의 '원티들리(Wantedly)'라는 기업은 사원을 채용하고자 하는 기업의 대표나 엔지니어 같은 핵심 인사가 아직 이직 활동을 시작하지도 않은 사람들과 편안하게 대화할 수 있는 장을 마련하는 채용 방식을 채택했습니다. '취업 및 이직 활동을 시작하지 않은 잠재층, 즉 비지원자'를 채용하려는 의도에서입니다.

그밖에도 기술 계통 기업 중에는 SNS상에서의 활동을 채용 때 참고하겠다고 발표하거나 트위터상에서의 지원을 주된 채용 수단으로 삼는 곳도 생겨나고 있습니다. 심지어는 학력뿐 아니라 더 많은 회사로부터 합격 통지를 받은 학생 지원자를 고르는 아이디어도 있습니다. 앞으로는 인공지능이 지원자의 SNS상에서의 발언을 분석해서 개인과 기업을 이어주는 서비스도 등장할 것입니다.

아무튼 채용과 같은 비기술 분야에서의 비즈니스 혁신은 현재의 채용 방식에 대한 강한 문제의식과 제한된 예산과 인적 자원으로 어떻게 탁월한 인재를 확보할 것인가 하는 생산성 향상에 대한 강한 의욕 없이는 불가능한 일입니다.

'돈과 시간은 얼마든지 들어도 상관없으니 좋은 인재를 채용하라!'는 식의 생산성을 무시한 방침 아래에서는 인해전술(지원자 수라는 양적 증대)과 조건 경쟁(높은 급여로 지원자를 끌어들이는 방법)밖에 생겨나지 않습니다. 그런 발상으로는 혁신이 일어나지 않습니다.

'편집광만이 살아 남는다'

일본 기업에서는 혁신적인 상품이 더 이상 나오지 않는다고 한탄하고는 합니다. 그러나 기술 분야에서는 옛날과 그다지 달라진 것이 없는 듯합니다. 신소재 개발 등 일본 기업이 혁신적인 연구 개발을 지속하는 분야는 얼마든지 있습니다. 또한 고도 성장기의 일본은 혁신으로 세계를 이끌었다기보다는 생산 기술이나 가공의 정확도 등 품질로 더 높이 평가받았습니다.

오히려 지금의 일본 기업에 드러난 문제는 비즈니스 혁신의 저조함이라고 말할 수 있습니다. 구체적으로는 경영 관리 방법이나 조직 운영법 등 매니지먼트 분야의 혁신, 브랜딩이나 프라이싱 등을 포함한 마케팅 분야의 혁신, 기획이나 인재 양성 등 개인기에 의존하기 쉬운 분야의 혁신 등에서 뒤처지고 있습니다.

오래전 반도체 제조업체인 인텔의 '인텔이 들어 있다(Intel inside).'는 광고는 가히 충격적이었습니다. 인텔은 이 광고로 '인텔의 CPU만 들어 있으면 어느 컴퓨터든 성능이 같다.'라는 메시지를 소비자에게 전달하는 데 성공했습니다. 그 후로 소비자는 '인텔 부품만 들어 있다면 고가의 IBM이나 NEC 컴퓨터를 사지 않아도 대만제 컴퓨터로 충분하다.'라고 생각하기 시작했습니다.

이 광고로 인텔은 '컴퓨터 부품 제조사'에서 사실상 '컴퓨터 제조사'로 승격했습니다. 한편 '컴퓨터 조립사'라는 인상을 주었던

IBM이나 NEC는 그 후 양쪽 다 컴퓨터 사업을 매각했습니다.

'편집광(Paranoia)만이 살아남는다.'라며 압도적인 성능을 자랑하는 상품을 다른 회사들보다 먼저 차례로 개발해온 인텔은 초일류 테크놀러지 기업입니다. 이러한 획기적인 광고 전략이 없었다면 부품 제조사에서 컴퓨터 제조사로의 지위 역전은 일어나지 않았을 것입니다. 인텔의 성공에서 탁월한 기술력뿐 아니라 비기술 분야에서의 비즈니스 혁신도 반드시 필요하다는 것을 알 수 있습니다.

아이튠즈(iTunes)에서 아이폰(iPhone)에 이르기까지 애플의 성공 신화에도 다양한 비즈니스 혁신이 있었습니다.

우선 아이튠즈에서 음악을 다운로드 판매하는 서비스와 함께 아이팟(iPod)을 판매한 것은 비즈니스 모델의 혁신입니다. 전 세계적으로 방대한 양의 상품을 한번에 제공할 수 있도록 거대한 중국계 EMS(Electronics Manufacturing Service) 기업에 제조를 위탁하는 수평 분업을 채택한 일도 생산 체제의 혁신입니다.

나아가 애플은 경쟁사인 윈도우즈나 안드로이드 상품을 파는 점포에 비해 압도적으로 세련된 점포 디자인이나 지극히 심플하고 세련된 포장을 선보이는 등 고객 커뮤니케이션에 만만찮은 투자를 했습니다. 이로써 애플 상품에 높은 로열티를 지불하는 고객을 확보해낸 것도 마케팅상의 혁신입니다.

지금은 길거리에서 애플스토어를 보아도 별로 놀랍지 않지만, 애플스토어가 처음 개장하기 전까지 그렇게 세련된 가게에서 파는 정보기기는 본 적이 없었습니다.

한 걸음 더 나아가 애플스토어는 그 명칭에서 '스토어'를 지우기 시작했습니다. 일본에서도 '애플스토어 오모테산도'는 '애플 오모테산도'로 변경되었습니다. 물리적인 거점이 더 이상 '상품을 파는 곳＝스토어'가 아니라는 사실을 알리기 위해 한발 앞서서 명칭을 바꾼 것입니다.

이처럼 혁신은 기술 분야뿐만 아니라 비즈니스의 여러 분야에서도 일어날 수 있습니다. 하지만 일본에서는 기술 분야의 혁신에 비해 비기술 분야의 비즈니스 혁신이 그다지 눈에 띄지 않습니다.

저는 그 이유 중 하나가 비기술 분야에서 생산성에 대한 인식이 부족하기 때문이라고 생각합니다. 앞서 말한 것처럼 기술 분야의 혁신은 순수한 지적 호기심에서나 연구 중에 우연히 탄생할 수 있습니다. 하지만 비즈니스 혁신을 일으키기 위해서는 '한번에 생산성을 높여서 현재의 문제를 해결할 수 있는 획기적인 방법은 없을까?'라는 강한 의지가 필요합니다. 그러므로 생산성을 높이는 것에 별로 신경 쓰지 않는 조직에서는 '조금 특이한 수준의 아이디어'밖에 나오지 않는 것입니다.

일본에서 생산성 개념이 뿌리내리고 있는 곳, 그리고 가장 많은 혁신이 일어나고 있는 곳도 기술 분야이며 제조업입니다. 생산성이라는 개념이 뿌리내린 분야에서 커다란 혁신이 일어나는 것은 틀림없이 우연은 아닐 것입니다.

경영이나 재무, 마케팅과 인재 양성 등 모든 분야에서 혁신을 일으키려고 하는 세계 여러 나라와 경쟁할 때 일본 기업이 기술 분야의 혁신만으로 대항하기는 앞으로 점점 더 어려워질 것입니다.

조직 전체가 생산성의 개념을 보다 깊이 이해하고, 전 직원이 해마다 생산성을 부단히 높이려는 강한 의지와 '혁신을 위한 시간'과 '혁신을 위한 동기부여'를 착실히 만들어나가는 자세가 지금이야말로 절실히 필요하다고 말할 수 있습니다.

3강

업무의 질을 높이는 법

왜 야근을 해도
성과가 나지 않을까

—— 직원에 대한 평가 기준이 바뀌면 현장에서 일하는 방식도 달라집니다. 대부분의 기업들이 채택하고 있는 평가 기준에는 '생산성' 개념이 포함되어 있지 않습니다. 바로 노동의 질이 아니라 양을 평가하는 시스템이 정착되어 있다는 것이 큰 문제입니다. 성과주의 인재평가 시스템이 제 기능을 발휘하지 못하는 이유도 바로 이것입니다. 질이 아닌 양을 평가하다 보니, 장시간 노동을 하더라도 성과만 좋으면 모든 것이 좋다는 식으로 생각하게 합니다. 그러나 과연 이것이 조직과 직원 모두를 위하는 것일까요?

회의시간 단축은 목표가 될 수 없다

직장인들이 대부분 공감하는 비효율적인 것의 대표적인 예가 회의시간이 아닌가 합니다. 이런 농담이 있습니다. "일본인은 회의 시작 시간은 엄격하게 지키지만 종료 시간은 전혀 지키지 않는다. 더구나 어느 누구도 그것이 잘못되었다고 생각하지 않는다. 시작 시간을 잘 지키지 않는 이탈리아인과 종료 시간을 잘 지키지 않는 일본인은 다를 바 없다."

이 문제를 해결하기 위해 회의할 때 시간제한을 두거나, 앉지 않고 선 채로 회의를 진행하거나, 회의에 사용할 자료를 한 장으로 제한하는 등 다양한 방법을 생각해볼 수 있습니다.

그런데 문제의식을 가지고 대책을 내놓는 것은 좋은 일이지만, 유감스럽게도 그 대부분은 '회의시간을 짧게 하는 방법'이지 회의의 생산성을 높이기 위한 방법은 아닙니다.

가장 흔한 예가 모든 회의시간을 2시간이나 1시간으로 제한해 버리는 것입니다. 이런 규칙을 정하면 확실히 회의시간은 짧아집니다. 하지만 이것만으로는 '지금까지 2시간을 낭비했지만, 지금은 1시간밖에 낭비하지 않았다.'라는 결과를 초래할지도 모릅니다. 물론 정하지 않는 것보다는 낫지만 문제가 궁극적으로 해결된 것은 결코 아닙니다.

이처럼 회의의 문제를 '시간이 긴 것'이라고 생각하면 핵심에서 벗어난 것입니다. 회의시간이 길어도 매우 깊이 있는 토론을 할 수도 있기 때문입니다. 예를 들어, 이틀에 걸친 합숙 형식의 회의로 이번 회기의 사업 방침을 세세한 부분까지 모두 확정할 수 있었다면 누구도 그 회의를 시간 낭비였다고는 생각하지 않을 것입니다.

반대로 고작 1시간이 걸렸을지라도 참가자 대부분이 시간 낭비라고 느끼는 회의도 많습니다. 회의시간(양)을 짧게 하는 것이 아니라 회의의 질을 조절(향상)하는 것이 중요합니다.

양을 조절해도 질이 반드시 향상되는 것은 아닙니다. 회의에 필요한 배포자료를 1장으로 제한해도 글자 폰트가 너무 작다거나, 1장에 주제가 서로 다른 정보가 몇 개나 들어가 있어서 이해하기 힘든 자료가 되면 아무 소용이 없는 것입니다. 이러면 자료를 설명하는 시간이나 인쇄비용만 줄어들고, 정확하고 신속하게 정보를 공유하지 못하게 됩니다. 즉, 자료의 질을 희생해서 양을 절약하는 꼴이 되는 거죠.

서서 회의하는 방법은 피곤해서 회의를 오래 계속할 수 없게 함으로써 양을 제한하는 효과와 졸지 못하고 의제에 집중하게 함으로써 질의 향상 효과를 둘 다 기대할 수 있습니다.

질을 중요시하는 점은 높이 평가합니다. 그러나 이런 식의 회의는 처음에는 집중도가 높을지 모르지만 시간이 가면 갈수록 참가자가 피곤해집니다. 그렇기 때문에 처음 안건은 열심히 토론하지만 마지막 안건은 '다리 아프니 빨리 결정하자.'라는 식으로 처리하게 되어 내용의 중요함과는 무관하게 다른 종류의 스트레스를 받을 수 있습니다.

많은 사람이 회의시간이 아깝다는 문제의식을 가지고 여러 가지 해결 방법을 시도해보는 점은 높이 평가합니다. 하지만 생각해야 할 것은 회의시간을 단축하는 것이 아니라 회의의 생산성을 높이는 것이라는 사실을 새롭게 인식할 필요가 있습니다.

"자자, 불 끄고 퇴근합시다?"

회의시간 단축과 더불어 많은 기업들이 야근시간을 줄이는 데도 열을 올리고 있습니다. 야근에는 가산임금을 지불하기 때문에 '같은 일을 더 오랜 시간을 들여 끝내는 것이 수입을 늘린다.=생산성을 낮추는 편이 수입을 늘린다.'라는 인식이 생기기 쉽습니다. 이는 생산성 향상을 저해하는 큰 문제입니다.

그래서 최근에는 일정 시간 이상 야근하려면 특별히 허가를 받게 하거나 야근 없는 날을 정하는 기업도 늘고 있습니다. 하지만 야근시간의 양을 억제하는 것만으로는 충분하지 않습니다. 왜냐하면 문제의 본질은 '야근을 적게 하는 일＝양의 조절'이 아니라 '일의 생산성을 높이는 일＝질의 조절(향상)'이기 때문입니다.

한 달 동안 허용하는 최대 야근시간을 일괄적으로 설정하고 특정 요일의 야근을 금지하는 정책을 펼친다면, 결국 허용된 야근시간을 다 포함한 총 노동시간이 '적절한 노동시간'이라는 인식이 정착될 뿐입니다.

이러한 환경에서는 노동시간이 허용범위를 넘지 않는 한, 노동시간을 좀 더 단축하려는 의지를 누구도 갖지 않습니다. 설령 외부환경의 변화로 업무량이 줄어들어도 정해진 야근시간을 포함한 총 노동시간을 모두 사용해서 (지금보다 줄어든) 일을 하면 된다는 얘기입니다.

또한 야근을 못한다고 빨리 출근하거나, 남은 일을 집에 가지고 가거나, 혹은 파트타임이나 파견사원을 고용함으로써 정직원의 야근시간이 줄어도 조직의 생산성은 높아지지 않는 현상을 불러올 수 있습니다.

중요한 것은 야근을 줄이는 일도 야근수당을 줄이는 일도 아닙니다. '일의 생산성을 높이는 것'을 목표로 해야 하며 그 결과로 야근시간보다 노동시간 자체를 줄이는 것을 지향해야 합니다.

더불어 야근시간을 줄이려는 방침은 야근을 목표한 대로 줄이기만 하면 성공하는 데 비해, 생산성 향상은 끊임없이 지속되어야 합니다. 그러므로 야근을 줄이는 것만 생각하는 기업과 생산성을 높이려고 지속적인 노력을 게을리하지 않는 기업은 장기적으로 도달할 수 있는 목표치가 전혀 다릅니다. 이처럼 회의든 야근이든 양을 조절하기보다는 질을 얼마나 높이는가가 중요합니다.

수십 년 전, 제가 사회에 첫발을 내딛었을 때 대부분의 일본 기업은 매출이나 시장 점유율로 치열하게 경쟁했습니다. 당시에는 그것이 업계 최강의 기업을 결정하는 지표였기 때문입니다.

하지만 지금은 그 기준이 크게 바뀌었습니다. 해외 기관투자자가 늘었기 때문에 많은 기업이 수익률이나 ROE와 같은 숫자를 경영지표로 삼고 있습니다. 기업의 질(우량성)은 규모가 아니라 수익률이나 자본의 효율이 높은가로 판단하게 되었습니다.

이는 기업을 평가하는 기준이 양에서 질로 변화했음을 보여
줍니다. 과거에는 회의시간이나 야근시간만 신경 쓰며 노동의
양을 지표로 여기는 경영이 인정받았습니다. 그러나 이제는 구
성원의 생산성이 얼마나 높으며 조직 전반의 생산성이 얼마나
향상되었는가를 중시하면서, 노동의 질을 경영의 척도로 삼고
있습니다.

'칼퇴근'의 조건, 업무 몰입도

야근이나 회의시간의 단축에 열을 올리는 회사일지라도 '할 수
있을 때까지 최선을 다해야 한다.' 즉 '좋은 성과만 낼 수 있으면
일에 투입되는 시간이 아무리 길어도 문제없다.'는 사고방식은
여전히 뿌리 깊게 남아 있습니다.

직원들을 일의 성과 절대치(양)만으로 평가하는 곳에서는 '철
야를 해서라도 좋은 일을 해야 한다.'라거나 '어떤 희생이나 대가
를 치르더라도 수준 높은 실적을 내야 한다.'라며 고강도 업무를
긍정적으로 평가합니다.

이는 생산성이 아무리 낮아도 결과만 좋으면 아무런 문제가
없다는 노동력 투입형 발상이지, 높은 생산성을 추구함으로써
강한 경쟁력을 유지할 수 있다는 질 중심의 사고는 아닙니다.

"할 수 있을 때까지 최선을 다하자!"라거나, "무조건 열심히만 하자!"와 같은 업무 자세에 익숙해지면, 결국 일만 열심히 하고 남는 것은 별로 없습니다. 아니, 오히려 열심히 한 끝에 조직과 사람이 피폐해지기까지 합니다. 모든 인적 자원을 집중했던 하나의 프로젝트는 성공할 수 있을지 모르지만, 다른 프로젝트에서는 문제가 발생할 가능성이 큽니다.

이와 같은 조직 분위기를 '양에서 질로' 쇄신할 수 있는 방법은 정규적인 평가제도나 교육제도뿐 아니라, 상사가 부하직원에게 건네는 대수롭지 않은 말 한마디 안에도 있습니다.

예를 들어 부하직원이 밤샘해서 완성한 자료가 매우 훌륭했다고 칩시다. 그것을 본 상사가 "대단해! 정말 열심히 했군!" 하고 칭찬하며 높은 평가를 내리면 그 직원은 그 다음에도 철야를 합니다. 그것을 보고 있는 주변 직원들도 마찬가지로 따라합니다.

상사가 '일의 내용'과 '철야를 하면서까지 분발한 점'을 동시에 칭찬하고 있다고 해석하기 때문입니다.

이렇게 하면 결국 조직이 장시간 노동을 장려하는 것과 같습니다. 그러면 가정에서 육아나 간병 등 필요한 사정이 있는 사람은 '자신은 이런 직장에서는 높게 평가받기가 어렵겠다.'고 생각해버리게 됩니다.

따라서 상사는 그렇게 하기보다 "자료를 매우 잘 만들었군. 아주 훌륭해. 그런데 이걸 도대체 몇 시간 걸려서 만들었나?"라고 부하직원에게 물어봐야 합니다.

"밤새웠습니다."라고 대답했다면 "밤샘! 그럼, 그저께부터 만들기 시작해서 총 30시간 정도 걸린 셈인가? 그렇군. 이번 자료는 정말 잘 만들었으니 다음에는 이 수준의 자료를 15시간 안에 만들 수 있다면 좋겠군. 그렇게 할 수 있으면 정말 대단한 거야."라고 격려해주어야 합니다.

반대로 극히 짧은 시간에 만들었다고 했다면 "그 짧은 시간에 이 정도의 자료를 완성하다니 훌륭하네. 어떤 방법으로 정보를 수집하고 분석했나? 다음 회의에서 반드시 자네의 노하우를 모두에게 공유해주게."라고 칭찬해봅시다.

평소에도 이런 식으로 칭찬해주면 본인은 물론 그런 대화를 들은 모든 직원들이 '어떻게 하면 더 짧은 시간 안에 높은 성과를 낼 수 있을까?'라고 고민하기 시작합니다. 직원 모두에게 생산성에 대한 의식이 싹트기 시작하는 것입니다.

이런 것들이 조직문화에 녹아들면, 결국 '우수한 인재'의 기준이 달라집니다. 오랜 시간 사무실을 지키며 엄청난 양의 일을 처리하는 사람이 우수한 인재가 되는 것이 아니라, 많은 일이 닥쳐도 명확하게 우선순위를 정해서 신속하게 의사결정을 한 후, 높은 집중력으로 시간에 맞게 업무를 마치는 사람이 우수한 인재의 표준이 됩니다. 높은 생산성을 추구하는 조직으로 바꿔나갈 때 가장 중요하게 생각해야 할 대목입니다. 경영자나 임원 먼저 이러한 생각을 마음에 새기고 조직 전체에 확산될 수 있도록 노력해야 합니다.

'성장한다는 것 = 생산성을 높이는 것'

'성장한다.'는 것은 무조건 '생산성을 높인다.'라는 뜻입니다. 보다 구체적으로 말하면 성장한다. 즉 생산성을 높인다는 말은 다음과 같은 업무 향상을 이뤄냅니다.

① 전에는 몇 시간이 걸려도 할 수 없었던 일을 지금은 할 수 있다

② 전에는 몇 시간이나 걸렸던 일을 지금은 1시간 안에 할 수 있다

③ 전에 1시간 걸려서 달성했던 성과보다 훨씬 나은 성과를 똑같은 시간에 달성할 수 있다

④ ②나 ③으로 얻은 여유 시간을 또 다른 '지금까지는 몇 시간 걸렸어도 하지 못했던 일'을 위해 써서 ①로 돌아가는 사이클이 반복된다 표10

성장하고자 늘 노력하는 사람들은 낮에 열심히 일하고 집에 가서도 뭔가 새로운 것을 공부하기도 합니다. 우리는 이러한 사

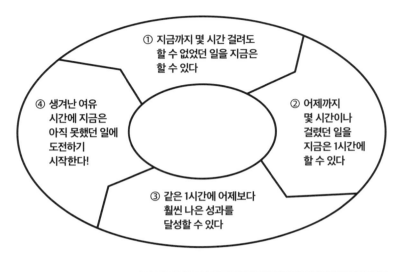

① 지금까지 몇 시간 걸려도 할 수 없었던 일을 지금은 할 수 있다

② 어제까지 몇 시간이나 걸렸던 일을 지금은 1시간에 할 수 있다

③ 같은 1시간에 어제보다 훨씬 나은 성과를 달성할 수 있다

④ 생겨난 여유 시간에 지금은 아직 못했던 일에 도전하기 시작한다!

표10 생산성 향상에 따른 성장 사이클

람을 '자기 발전의 의지가 강하며 성장 의욕이 높다.'라고 높게 평가합니다.

그러나 이 역시도 바람직하지 않습니다. 물론 눈앞의 일을 처리하는 데 급급해서 새로운 공부는 엄두도 못 내는 사람보다는 나을 수는 있습니다. 하지만 이러한 성장 방법은 집에 가면 일도 육아도 전혀 분담하지 않는 구세대적 남자 사원들에게만 가능합니다. 집에서는 집안일이나 육아에 손 하나 까딱하지 않고, 모임에도 나가지 않을 뿐 아니라, 자원봉사나 취미생활조차 하지 않는 전형적인 일벌레들의 성장 방법입니다.

이러한 방식으로는 육아나 집안일에 시간을 들여야 할 시기가 되었을 때 성장을 지속할 수 없게 됩니다. 혹은 아무리 시대가 변해도 '지금은 일도 제대로 하고, 자신에게도 투자해야 할 시기로 육아휴가는 언감생심이다.'라고 생각하는 남자들이 사라지지 않습니다.

따라서 업무의 생산성을 높이고, 눈앞의 일뿐 아니라 앞으로의 성장을 위한 투자나 새로운 도전 역시 주어진 근무시간 안에 해낼 수 있도록 노력하는 자세를 취하지 않는 한, 성장에는 항상 개인생활을 희생할 수밖에 없습니다.

질 중심으로 성과를 평가하라

앞으로는 관리직을 평가할 때도 생산성의 개념을 도입해야 합니다. 그렇지 않으면 종종 다음과 같은 일이 벌어지게 됩니다.

| 생산성 향상이 아닌 성과의 절대량을 늘리기 위한 관리직의 행동 |

· 부하직원에게 야근을 시켜서라도 성과를 극대화한다

· 스스로 야근이나 휴일 근무를 해서라도 성과를 극대화한다

- 일 못하는 사원을 키우기보다, 잘하는 사원에게 일을 많이 할당한다
- 자신의 재량으로 채용할 수 있는 아르바이트나 파견사원을 늘린다
- 부하직원이 육아휴가나 유급 휴가를 받는 것을 달갑게 생각하지 않는다
- 풀타임으로 일하지 못하는 사람이 자기 부서에 배속되는 것을 싫어한다

한마디로 성과의 절대량만을 평가하는 조직에서는 '더 오랜 시간 일할 수 있는 사람'만 원합니다. 왜냐하면 그렇게 생각하는 편이 합리적이라고 판단하기 때문입니다.

이런 방법으로는 일시적인 성과를 올릴 수 있을지 몰라도 언젠가는 한계에 부딪히게 됩니다. 부하직원은 어느 시점에서 스스로 한계라고 느끼기 시작하고, 상사도 자신의 시간을 투자해서 계속 빈자리를 메우다 보면 몸도 마음도 망가지게 됩니다. 결국 노동력의 추가 투입으로 성과를 계속 올리는 방법은 오래가지 않습니다.

나아가 이런 식으로 계속하다 보면 생산성이 압도적으로 높은 기업이나 해외에서 경쟁 기업이 나타났을 때 경쟁 상대가 전혀 안 될 정도로 비용이 높은, 즉 생산성이 낮은 조직이 되어버릴 가능성이 큽니다.

한편, 작년보다 부서의 생산성을 높이는 것을 관리직의 평가 기준으로 삼으면 노동력 투입형으로 성과를 내는 방식으로는 모

든 것이 마이너스 평가를 초래하게 됩니다. 진정으로 높은 평가를 받아야 할 관리직은 다음과 같은 일을 실현한 사람입니다.

| 생산성 향상을 평가의 기준으로 삼고 있는 관리직의 목표 |
- 자신이나 부하직원의 야근시간이 작년보다 ○○% 줄었다
- 휴일에 근무하는 직원이 거의 사라졌다
- 일 못하는 사원의 능력 향상을 목표로 하고, 일 잘하는 사원에게 업무가 집중되는 현상을 해소했다
- 아르바이트나 파견사원을 줄였다
- 부하직원이 유급 휴가를 쓰는 것을 장려하고 최대한 허락했다
- 정규직으로 일할 수 없는 인재나 육아휴가를 신청하는 사원도 일하기 편한 직장 환경을 조성하고, 남성 사원의 유급 휴가 취득률이나 육아휴가 취득률이 올랐다

평가 기준이 바뀌면 현장에서 일하는 방식도 달라집니다. 현행 제도는 평가 기준에 생산성이라는 개념이 들어 있지 않다는 것, 즉 노동의 질이 아니라 양을 평가하는 시스템이 정착되어 있다는 점에 문제가 있습니다.

원래 성과주의 인재평가 시스템이 제 기능을 제대로 발휘하지 못하는 이유는 질이 아닌 양으로 성과를 측정하려고 했기 때문

입니다. 장시간 노동을 하더라도 성과만 좋으면 높은 평가를 받을 수 있다면 많은 사람들이 퇴근해서도 일을 하거나 주말에 재택근무를 해서라도 성과를 높이려고 합니다.

또한 스스로 목표를 세우고 그 달성 수준에 맞게 평가하는 목표관리 제도에서는 '양 중심의 목표'를 세우기 때문에, 애초에 목표를 낮게 설정하는 것이 결과적으로 유리해집니다.

어느 분야든 지속적인 성장을 기대하기 어려운 시대가 되었습니다. 그런데 해마다 작년보다 높은 성과 목표를 세우라고 하면 누구든지 '올해는 목표를 조금 적게 잡자.'라고 생각하게 됩니다. 이것이 '목표를 적게 잡는 것이 유리한 제도'를 낳습니다.

'열심히 하지 않아도 달성할 수 있는 목표'를 매년 조금씩 내놓으면 평가는 결국 개인과 조직의 성장을 이끌지 못합니다. 그런 상황 인식이 조직 내 만연해질 때 시간과 돈을 들여 새로운 인사제도를 도입해도 역효과가 날 뿐입니다.

따라서 성과나 달성 목표를 생산성의 성장 수준에 따라 설정하면 됩니다. 그렇게 하면 목표의 상한선도 없어지고 매년 생산성이 아주 조금밖에 향상되지 않아도 오랫동안 지속할 수 있으며 장기적으로 크게 발전할 수 있습니다.

또한 생산성을 높일 수 있으면 평가가 올라갈 뿐만 아니라, 자기 자신도 성장할 수 있습니다. 덧붙여 앞에서도 언급한 바와 같이 혁신에 대한 의욕도 생겨날 뿐 아니라 기업의 경쟁력도 높아집니다. 즉 양이 아닌 질을 중시하는 조직이 되는 셈입니다. 성과의 절대량이 아니라, 생산성의 성장 여부를 평가하는 조직이 됩니다. 이것이 앞으로의 조직 형성에 중요한 점입니다.

관리부서를 위한 생산성 평가

마지막으로 어느 조직에서든지 평가하기 가장 힘든 관리부서의 평가 방법에 대해 다루어보겠습니다. 인사나 총무, 법무부서와 같은 관리부서에서는 숫자상의 업무 목표를 세우기 힘들 때가 많습니다.

법무부서에서 관리하는 법률문서의 수를 늘린다든지, 해결해야 할 안건 수를 늘리거나 줄이는 것을 성과 목표로 세울 수는 없습니다. 그러므로 성과주의라는 인사제도가 유행했을 당시에는 많은 기업이 관리부서의 목표 설정에 곤란을 겪기도 했습니다.

그래서 능력 평가로 대체하는 관리부서도 많은데, 여기서의 능력 평가는 성과 평가가 아닙니다. 자격증을 취득하거나 어학연수를 다녀오는 등 스스로의 능력을 높이기 위해 공부에 힘쓴 사원이 반드시 그 노력과 능력을 업무의 질과 성과 향상에 공헌한다고는 단언할 수 없기 때문입니다.

반면에 생산성이 향상했는지를 평가하는 것은 성과 평가입니다. 즉 생산성 향상을 평가 기준으로 삼음으로써 관리부서에서도 성과에 바탕을 둔 평가(엄밀하게는 양이 아닌 질을 평가하는 성과주의)가 가능해집니다.

관리부서의 인재 평가에서 한 가지 더 어려운 점은 인사와 경리, 총무와 법무라는 서로 다른 부서 간의 평가에 일관성이나 공평함을 유지하는 일입니다. 하지만 여기에서도 생산성이라는 평가 기준을 도입하면 도움이 됩니다.

생산성이란 '일정한 성과를 내기 위해 얼마만큼의 자원이 사용되었는가?' 하는 비율, 혹은 '일정 자원을 사용해서 얼마만큼의 성과를 냈는가?'를 평가하는 것입니다. '생산성은 작년보다 얼마나 높아졌는가?' 하는 '변화율'을 평가함으로써 서로 다른 부서를 횡적으로 비교할 수 있습니다. 표11

'변화율'을 평가하는 것이라면 생산성의 분자와 분모에 사용되는 숫자가 각 부서마다 달라도 문제는 없습니다. 각 부서는 자기 부서에 있어서 중요한 지표를 성과로 보고, 그를 실현하기 위해 투입된 자원을 분모로 설정하고 그 비율로 생산성을 작년보다 얼마나 개선할지 생각하면 됩니다. 예를 들어 인사부라면 100명의 회사설명회 참가자 중, 최종적으로 채용할 수 있었던 지원자의 수(그 비율)를 작년보다 몇 퍼센트 올릴지 목표로 하는 식입

올해 평가
=
생산성의 변화율

$$\frac{\text{올해의 성과}}{\text{올해의 투입 자원}} = \text{올해의 생산성}$$

$$\frac{\text{작년의 성과}}{\text{작년의 투입 자원}} = \text{작년의 생산성}$$

표11 성장과 생산성의 관계

니다.

그리고 그 평가는 각 부서의 상위 관리자가 아래와 같은 기준에 따라 평가하면 서로 다른 업무를 담당하고 있는 관리부서라도 통일된 성과 기준을 도입할 수 있습니다.

[특A평가]

· 획기적인 혁신을 통해 생산성을 크게 높였다

[A평가]

· 꾸준한 개선으로 생산성을 높였다

· 성과는 아직 눈에 띄지 않지만 개선을 위한 투자를 하고 있다

[B평가]

· 꾸준한 개선으로 생산성을 높였다

· 그러나 혁신으로 이어지는 투자에는 아직 손을 대지 않았다

[C평가]

· 생산성에 확실한 상승이 보이지 않는다

[D평가]

· 생산성 향상에 별다른 노력이 없었다

· 생산성이 작년과 다름이 없다. 혹은 내려갔다

외부와 비교하고 싶을 때는 같은 업계와 같은 규모의 타사 생산성을 참고하는 방법도 있습니다. 맥킨지에서도 일본 인사부의 생산성을 아시아 각국 맥킨지의 인사부, 그리고 다른 컨설팅 회사의 인사부 생산성과 비교하곤 했습니다.

이러한 외부와의 비교 기준이 있으면 관리자는 분기별로 생산성을 높일 뿐 아니라, 업계에서나 국제적인 비교를 통해 자기 부서의 생산성을 높이려는 마음가짐을 갖게 됩니다. 또 자신의 부서보다 훨씬 높은 생산성을 자랑하는 곳이 있다면 그 업무 방식을 연구해서 자기 조직에 도입하려고 시도하는 계기도 됩니다.

또한 지속적으로 생산성을 높일 수 있으면 관리부서의 매니저도 자기 부서의 성장을 실감할 수 있습니다. '작년에도 일을 잘했다.' '올해도 분발했다.'라는 매년 상투적이고 추상적인 평가가 아니라, 작년과 비교해서 올해는 무엇이 어떻게 성장했는지를 알기 쉽게 파악할 수 있고, 관리부서에서 일하는 사람의 동기부여에도 좋은 영향을 미칠 수 있습니다.

이처럼 생산성을 평가 기준에 도입함으로써 구성원들 또한 '성과의 절대량이 중요한 것이 아니라, '성과를 내는 방법 = 노동의 질 개선'이라는 의식을 갖게 됩니다.

'1'이 '100'을 먹여 살린다

최우수 인재,
어떻게 키울 것인가

—— 　최우수 사원의 발굴과 육성은 기업 성장에 매우 중요한 부분입니다. '1'의 몫으로 '100'의 역할을 수행하는 기업 성장의 엔진입니다. 그러나 상당수 기업에서 그 중요성을 제대로 인식하지 못하고 있습니다. 인재 양성의 주목표를 일반 사원으로 설정하기 때문에 최우수 사원의 실력을 제대로 이끌어내지 못하고 있습니다. 더욱 심각한 것은 최우수 사원으로서 잠재성을 가진 인재 스스로도 본인의 능력치를 현재 수준 이상으로 인식하지 못한다는 것입니다. 어쩌면 회사가 그들을 보통 사람으로 키우고 있는 건 아닐까요?

프로는 더욱 프로답게

조직 전체의 역량을 향상시키기 위해서는 앞서 말한 바와 같이 양에서 질로 의식을 전환해야 하는 것도 중요하지만, 최우수 사원(Top Performer)의 성장 가능성을 최대한으로 끌어내야 합니다. 물론 조직에 속하는 모든 사람의 생산성을 끌어올리는 것이 이상적입니다. 하지만 발전 가능성이 큰 그룹에 집중하면 보다 효과적으로 조직 전반의 생산성을 높일 수 있습니다.

많은 기업이 최우수 사원을 양성하는 일의 중요성을 잘 인식하지 못하고 있는 것 같습니다. 그래서 이번 강의에서는 이 문제의 배경과 본질, 그리고 기업이 어떤 방향으로 나아가야 할지에 대해 설명하고자 합니다.

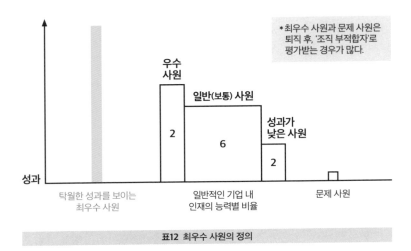

표12 최우수 사원의 정의

　'최우수 사원'이란 탁월한 성과를 보여주는 극히 일부 사원을 일컫는 것이지, 특정한 지위의 사람을 가리키는 것이 아닙니다.

　신입사원으로 입사해서 2년 정도 지나면 어느 조직이든 동기들과는 확실히 차별화된 성과를 보여주는 사원이 나타나게 됩니다. 또한 멤버는 교체될지라도 5년 정도 일한 그룹, 10년 정도 일한 그룹, 과장직, 부장직 등 모든 직급에서 누가 보아도 우수한 실적을 올리는 사원이 있게 마련입니다.

　인재의 능력별 비율에 대해 흔히 '2∶6∶2'라는 표현을 쓰는데, 여기에서 말하는 최우수 사원은 그보다 더 극소수여서 기껏해야 상위 몇 퍼센트에 지나지 않습니다. 규모가 작은 조직이라면 몇 년에 한 번 나타나는 정도의 인재를 생각하면 됩니다. _{표 12}

이러한 최우수 사원은 큰 조직에 반드시 존재합니다. 때로는 (입사할 때가 아니라) 경력을 쌓아나가면서 두각을 나타내기 시작하는 경우도 있습니다.

그들은 동기들에 비해서는 물론, 몇 년 선배들보다 훨씬 실력이 좋기 때문에 주변사람들은 물론 본인들 스스로 성장이 저조할까 염려하지는 않습니다. 하지만 그들의 원래 실력(성장 가능성)에 비하면 대부분 충분한 실력을 발휘하지 못합니다.

표13은 최우수 사원과 일반 사원의 성장 잠재력과 현실적으로 발휘하고 있는 실력을 비교한 것입니다.

이 표가 나타내고자 하는 것은 현실적으로 발휘하는 실력을 그 사람이 지닌 잠재력으로 나눈 '잠재능력당 생산성' 면에서 최우수 사원이 일반 사원보다 상당히 낮다는 점입니다. _{표13}

교육 프로그램이든 OJT(On the Job Training)든 많은 기업이 인재 양성의 주목표를 일반 사원을 기준으로 설정하기 때문에 최우수 사원의 실력을 잘 끌어내지 못합니다. 그래도 겉으로 보기에 최우수 사원의 성과는 일반 사원 중에서도 월등합니다. 그렇기 때문에 누구도 최우수 사원 양성에 문제가 있다는 사실을 인식하지 못합니다.

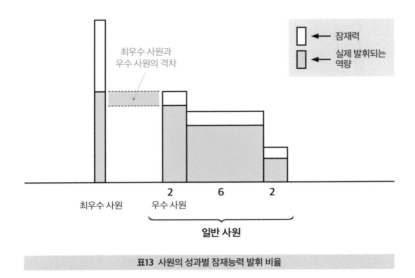

최우수 사원과
우수 사원의 격차

잠재력

실제 발휘되는
역량

최우수 사원

2

우수 사원

6

2

일반 사원

표13 사원의 성과별 잠재능력 발휘 비율

　더 심각한 문제는 최우수 사원 자신도 스스로의 성과가 제한
되고 있다는 것을 미처 깨닫지 못한다는 사실입니다. 성과 평가
에서 항상 높은 점수를 받기 때문에 '나는 이대로 하면 되겠지.'
하고 안심해버리기 때문입니다.

　우수한 사원은 가만히 놔둬도 알아서 성장한다고 생각하는 사
람도 있습니다. 하지만 스포츠 세계만 봐도 알 수 있듯이 탁월한
재능을 가진 선수일지라도 코치나 트레이너로부터 적절한 지원
을 받지 않으면 자신의 잠재력을 최대한으로 끌어올리기란 쉽지

않습니다.

또한 최우수 사원의 잠재력을 끌어내기 위해서는 스포츠 세계에서처럼 더 나은 방향으로 발전할 수 있도록 동기부여가 되어야 함에도 그들 대부분은 자신보다 일을 못하는 사람들하고만 일을 하고 있습니다.

국내에서는 인정받아도 세계 대회에 나가면 자신의 부족함을 체감할 기회가 많은 스포츠 선수들과는 달리, 그들은 조직이나 업계를 뛰어넘어, 혹은 국경을 초월해서 자신보다 월등하게 우수한 사원과 만날 기회가 거의 없습니다. 그렇기 때문에 본인은 '나는 더 높은 곳을 목표로 해야 할 필요가 있다.'고 의식하지 못한 채 생활하게 됩니다.

탁월한 인재가 떠나가는 조직

우수한 인재를 뽑기가 힘들다고 한탄하면서도 지금보다 몇 배나 활약할 수 있는 인재의 잠재력을 방치해버리는 것은 대단히 안타까운 일입니다. 또한 그들의 잠재력을 계속해서 무시하면 여러 가지 위험성도 동반하게 됩니다.

우수 사원이 자신의 성장 속도가 늦다고 깨닫는 것은 외부와 접촉했을 때입니다. 해외 유학을 가서 자신과 같은 또래인데 리더십과 조직 운영력이 월등히 뛰어난 사람과 만나게 되면, 특정한 곳에서 특정한 경험을 쌓으면 자신도 그와 같이 될 수 있을 거라고 자연스럽게 생각하고 성장하게 됩니다.

같은 업종 종사자끼리의 공부 모임이나 인터넷상에서의 교류를 통해, 학생 시절에는 자신과 별 다를 바 없던 누군가가 엄청난 속도로 성장해 있는 모습을 보면 '과연 내가 이대로 지금 있는 곳에 계속 있어도 되는 걸까?' 하고 의문을 품게 됩니다. 표14

글로벌 기업이나 벤처기업에 우수한 사원을 빼앗긴 일본 기업들이 '더 많은 연봉을 주는 기업에 인재를 빼앗겼다.'고 원망하기도 하지만, 이러한 사고방식을 갖고 있는 한 우수한 인재가 새어나갈 수밖에 없습니다.

그들이 이직을 하거나 자기 사업을 하는 이유는 높은 연봉만을 위해서가 아니라, 자신의 잠재력을 아낌없이 발휘할 수 있는 도전적인 환경을 원하기 때문이라는 사실을 알아야 합니다. 지금까지 경험하지 못했던 높은 목표(역할)를 회사가 자신에게 부여하고, 그것을 달성할 수 있을 것이라고 믿어준다면 스스로 더 성장하기 위해서 기꺼이 이직을 결심할 것입니다.

연공서열식 연봉 제도를 고수하는 조직에서도 이러한 기회는 얼마든지 줄 수 있습니다. 그런데도 정해진 사내 규정에만 집착해 사원들을 평가하고 적절한 동기를 주지 못하면 어느 순간 이직자

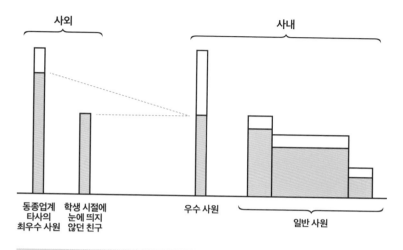

표14 타사 최우수 사원과의 비교

가 생겨나게 됩니다.

　세계 유수의 글로벌 기업이나 벤처기업은 우수한 인재를 단기간에 육성함으로써 다양한 영역에서 활용하고 있습니다. 파격적으로 주력 신규 사업의 책임자로 발탁하기도 하고, 기존 사업을 확장하는 과정에서 두루 역할을 부여하기도 합니다. 이처럼 최우수 인재 활용 정책은 조직 전반의 성과를 대폭 향상시키는 데 매우 필요합니다. 이것이 최고의 기업들이 너나 할 것 없이 최우수 사원 육성에 열을 올리는 이유입니다.

이러한 문제의식은 맥킨지도 마찬가지입니다. 모든 관심이 최우수 사원의 성장에 걸림돌이 될 수 있는 요인을 제거하는 것에 집중됩니다. 최우수 사원으로서 잠재성을 인정받으면 입사 연차와 상관없이 바로 승진시키고 주요한 역할을 맡기는 것도 그러한 문제의식에서 비롯된 것입니다.

맥킨지 직원들은 "승진 '당'했다."라는 식의 농담을 하곤 합니다. 이는 '앞으로 반년 동안 승진하지 않고 있던 자리에 있었더라면 무척 편했을 텐데….'라는 숨은 뜻을 가진 말입니다.

높은 성과를 올리고 있는 컨설턴트에게 승진 시기가 늦다는 것은 그만큼 편하게 일할 수 있다는 뜻입니다. 일찌감치 승진해버리면 월급이 올라가는 것 이상으로 일도 힘들어지기 때문에 '승진 당했다.'라는 말이 나오는 것입니다.

맥킨지에서는 임원이 되어도 '승진 혹은 해고(Up or out)'의 원칙이 적용되기 때문에 '빨리 승진해봤자 그만큼 해고되는 시간이 앞당겨질 뿐'이라며 자조적으로 웃는 사람들도 있습니다.

이처럼 지금 하는 일을 잘 소화해낼 수 있으면 기다리지 않고 바로 승진시키는 것은 잠재력이 높은 사원이 안주하며 일하지 않도록 하기 위함입니다. 그것은 성장을 하는 데 시간 낭비에 불과합니다. 그러므로 빨리 승진시켜서 쉽게 이룰 수 없는 일에 도전하게 합니다.

해외지사로의 부임이나 신규 프로젝트를 맡게 하는 것도 그런 이유 때문입니다. '모국어로 성과를 낼 수 있는 것은 이미 입증되었다.'든지 '신뢰 관계가 튼튼한 고객과의 프로젝트는 저 사원에게는 누워서 떡 먹기지.'라고 판단되면 바로 다른 환경에 도전하게 하려고 "해외에서 일해보지 않겠나?" "외국 고객 일을 맡아보게나."라는 말을 꺼내기도 합니다.

즉 맥킨지와 같은 조직에서는 성과가 높은 사원일수록 혹독한 환경에서 일해야 합니다. 이것은 성과가 높은 사원일수록 편안하게 일할 수 있는 조직과는 정반대이며, 이것이야말로 탁월한 인재를 수없이 배출할 수 있는 조직의 힘으로 이어집니다.

'다른 재료'는 '다른 그릇'에 담아라

표15는 가로가 입사 연차이고 세로가 본인의 성장 수준을 나타내는 표입니다. 누구든지 처음 사회에 발을 디딘 직후나 새로운 일에 도전하게 되는 첫 몇 년간은 성장 속도가 빠릅니다. 하지만 몇 년이 지나 일에 익숙해지면 성장 속도가 점차 둔화됩니다.

그래서 많은 기업이 성장이 둔화되기 전에 인사이동을 통해 새로운 성장 기회를 주고 성장 커브를 유지하고자 합니다. 그리고 그 후 또 몇 년이 지나 일에 익숙해지기 시작하면 다시 이동

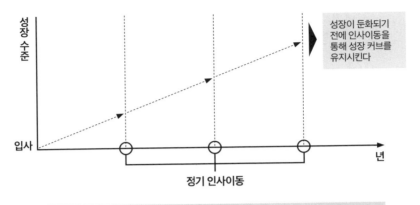

성장이 둔화되기
전에 인사이동을
통해 성장 커브를
유지시킨다

표15 일반적인 정기 인사이동과 성장 커브

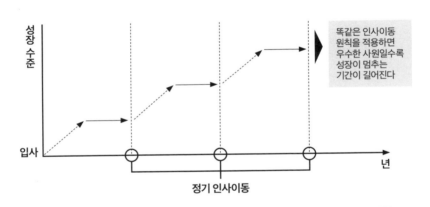

똑같은 인사이동
원칙을 적용하면
우수한 사원일수록
성장이 멈추는
기간이 길어진다

▞ 일을 반드시 잘하는 것은 아니다. 인사 평가도 최고는 아니지만 스스로 성장하고 있다고 느낀다
➤ 문제 없이 업무를 처리하고 높은 평가를 받을 수 있다. 단, 본인 스스로 성장하고 있다는 느낌이 없다

표16 일반적인 정기 인사이동하에서의 최우수 사원의 성장 커브

시키는 것이 일반적인 이동과 성장 커브의 관계입니다.

문제는 이 이동 시점이 일반 사원들을 기준으로 설정되어 있다는 점입니다. 전 사원에게 똑같은 인사이동의 원칙을 적용하면 표16처럼 우수한 사원일수록 성장이 멈춘 기간이 길어집니다. 이는 최우수 사원의 육성이라는 관점에서 보면 명백한 낭비입니다.

앞서 말한 대로 최우수 사원을 기르는 데 집중하는 기업은 그들의 성장 커브가 잠들기 시작하는 (성장이 느려지기 시작하는) 즉시, 승진이나 인사이동을 통해 잠재력을 최고로 발휘할 수밖에 없는 환경으로 이동시킵니다. 이로 인해 최우수 사원 또한 늘 높은 성장 커브를 유지할 수 있고, 결과적으로 단기간에 지극히 높은 수준에 도달할 수 있게 됩니다. 표17

연공서열식 인사제도하에서는 나이와 상관없이 조기 승진이 어려울 수도 있습니다. 하지만 상사의 허락하에 가능한 한 재량권을 확대하거나 해외나 타사와 연관된 어려운 프로젝트를 맡기는 등, 특별한 도전의 기회를 줄 수는 있습니다.

그렇게 함으로써 그들은 기존 업무의 생산성을 지금보다 높이고 새로운 과제에 도전할 수 있게 됩니다. 이를 통해 방치되어 있던 잠재역량이 실제 능력으로 발휘되기 시작합니다.

표18은 표 16과 17을 합친 것입니다. 이것을 보면 최우수 사원

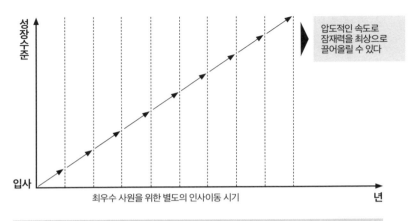

표17 특별한 육성 프로젝트하의 최우수 사원의 성장 커브

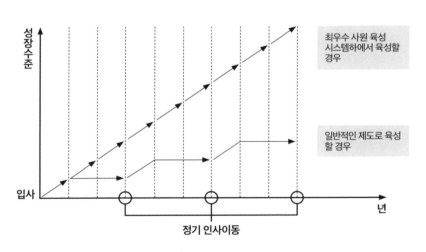

표18 육성 방법에 따른 성장 속도의 차이(최우수 사원)

을 평범한 사원을 대상으로 설계된 인사제도하에서 육성하는 것과, 그들을 위해 마련된 특별한 인사체제하에서 일할 때를 비교해보면 해를 거듭할수록 성장 수준의 차가 크게 벌어진다는 사실을 알 수 있습니다.

'인재 육성에 열심이다.' 혹은 '연수제도가 잘 마련되어 있다.'는 평을 받아온 기업의 제도 역시 대부분 일반 사원을 위한 것입니다. 모처럼 최우수 사원이 입사를 했지만 평범한 인재를 위한 제도하에서 그 잠재성을 키우지 못한다면 이 얼마나 안타까운 일인가요?

'평준화'라는 늪

최우수 사원용 육성 시스템을 따로 만들지 않으면 그들과 일반 사원 가운데 상위 20퍼센트에 해당하는 우수 사원과 구별이 되지 않아 두 그룹 모두의 성장을 저해할 우려가 있습니다.

예를 들어 어떤 일이 우수 사원에게는 어려운 일이지만, 그들보다 훨씬 능력이 높은 최우수 사원에게는 그다지 어렵지 않는 과제라고 해봅시다. 최우수 사원에게 그 일은 '쉽지 않지만 하면 할 수 있다고 처음부터 알 수 있는 수준의 일'입니다.

이러한 일을 최우수 사원에게 맡기면 그들은 기대한 대로 높은 성과를 내어 좋은 평가를 얻을 수 있지만, 그들의 잠재력을 최대로 발휘할 기회는 사라지게 됩니다.

한편 우수 사원 쪽도 우수한 사원인데도 도전의 기회를 빼앗겨 자신보다 일을 훨씬 잘하는 최우수 사원보다 못한 사람이 되고 맙니다. 이렇게 하면 양쪽 모두 크게 성장할 수 있는 기회를 놓치고 맙니다.

가장 전형적인 예가 부하직원을 가르치는 일입니다. 어느 직장이든 젊은 최우수 사원에게 후배 지도나 부하직원 육성을 맡기는 일이 흔합니다. 하지만 이것은 그다지 현명한 방법이라고는 할 수 없습니다.

사내에 자기보다 일 잘하는 사원이 많은 일반 사원들과는 달리, 최우수 사원에게는 겨룰 수 있는 경쟁자가 그리 많지 않기 때문입니다. 그런 가운데 자신보다 일을 못하는 사람의 눈높이에 맞추어주다 보면 그들의 시선도 덩달아 낮아지게 됩니다.

'부하직원을 지도함으로써 배울 수 있는 일이 많다.'는 말은 저역시 동감합니다. 하지만 그보다 훨씬 많은 것을 배울 수 있는 기회가 다른 곳에 있다면 그 일에 도전하도록 최우수 사원을 격려해야 합니다.

수영교실을 예로 들어봅시다. 초등학생을 위한 수영교실에서 주변 아이들과는 차원이 다른 A군과, 같은 연령대 학생들 중에 수영을 제법 잘하는 B군, 그리고 나이에 걸맞게 평범한 다수의 보통 아이들이 있다고 합시다.

A군은 장래 올림픽 선수가 될지도 모르는 장래가 촉망한 선수입니다. B군은 확실히 잘하긴 하지만 그 정도는 아닙니다. 중학교 수영부에서도 활약할 수 있는 수준의 이른바 '우수 사원'입니다. 이때 지도자는 어떤 행동을 취해야 할까요?

> ① A군에게 매번 다른 멤버들의 본보기로 수영을 하게 하고, 숨쉬기를 잘 못하는 후배들에게 조언해줄 것을 부탁한다. B군에게도 A군을 목표로 삼을 것을 권한다
> ② A군에게는 올림픽 수영선수를 배출한 유명 수영클럽이나 지도자를 소개해서 차원이 다른 도전을 하도록 권한다. B군에게는 다른 멤버의 본보기로 수영하게 하고, 숨쉬기를 잘 못하는 후배들의 지도를 맡긴다

일반적인 기업에서는 ①과 비슷하게 최우수 사원에게 부하직원들을 지도하게 합니다. A군도 아직 초등학생이므로 어린 소년들의 본보기가 되면 나름대로 배우는 점도 있을 것입니다. 하지만 그런 일을 군이 A군에게 시켜야 할까요?

그런 일을 시키면 A군은 좋은 선배나 좋은 수영코치는 될 수 있을지 몰라도 올림픽 수영선수가 될 가능성은 사라지고 맙니

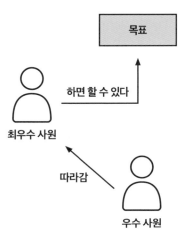

표19 아무에게도 도전이 주어지지 않는다

다. 이는 A군의 목표를 '올림픽 수영선수에서 우수한 수영코치'로 낮춰버리는 매우 안타까운 일입니다.

물론 A군이 유명한 클럽에 이적한다고 해서 올림픽 수영선수가 된다는 보장은 없습니다. 그래도 그럴 가능성이 있는 아이에게 쉽게 달성해 안주해버릴 목표를 주어서는 안 됩니다. 그러므로 어떤 분야의 '최우수 사원'이든 그들은 은퇴 후, 혹은 자신의 잠재력을 전부 발휘한 다음에야 지도자가 되어도 늦지 않습니다.

나아가 'A군이 모두를 가르친다.'는 입장에 놓이면 B군까지 'A

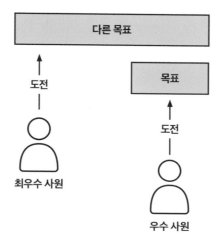

표20 최우수 사원과 우수 사원 모두에게 도전이 되어야 한다

군에게 배우는 입장'이 되어버리게 됩니다. 결국 B군까지 성장의
기회를 잃고 말게 됩니다.

　물론 아직 B군에게 다른 소년들을 지도하는 일이 부담스러울
지도 모릅니다. 하지만 그렇기 때문에 가르치면서 그도 더불어
성장할 수 있습니다. 표 19, 20

기업이 조기 선발을 두려워하는 이유

연공서열식 조직에서도 차기 임원진 경쟁이 본격화되는 시기에는 최우수 인재를 선별하고 육성하기 시작합니다. 차차 임원진 후보로 인정받은 부장급 최우수 사원이 자회사나 해외지사, 신규 사업이나 지금까지 경험하지 않은 프로젝트의 책임자 직을 맡고 그 결과에 따라 선발되거나, 경합에서 탈락되곤 합니다.

한편 젊은 최우수 사원에게는 승진 등 표면상 임원 선발이 입사 10년 후부터 이뤄지고, 더딘 업계에서는 입사 후 20년이 지나도 되지 않는 곳이 있습니다.

왜 많은 기업이 차기 임원진 충원 때까지 최우수 사원을 제대로 육성하지 않는 것일까요? 왜 한 살이라도 젊을 때 그들의 잠재력을 끌어내려는 노력을 시작하지 않을까요?

그 이유 중 하나는 너무 젊었을 때부터 역량을 드러내는 것에 공공연히 거부감을 가지고 있기 때문입니다. 다음 강에서 설명하겠지만 임원 발탁 시점이 빠르면 빠를수록 발탁에 누락된 사람들이 조기에 의욕을 잃을 것을 걱정하기 때문입니다. 즉 상대적 박탈감에 대한 걱정입니다. 조직이 평균적인 사원들의 의욕을 유지하기 위해 최우수 사원의 가능성을 희생시키는 이유입니다.

반면 최고 수준의 혁신 기업들처럼 철저하게 성과주의에 바탕을 둔 조직에서는 졸업 후 입사해서 1년 반이 지나면 최우수 사원은 자동적으로 승진하게 되어, 해외에서 일류 MBA를 취득하고 온 10년 이상의 선배와 동등한 직위를 얻게 됩니다. 연봉도 사회생활을 시작한 지 2년 만에 동기들에 비해 두 배 이상 차이가 납니다.

얼핏 보기에도 냉정하고 혹독한 업무 환경입니다(저는 대학 졸업 후, 일본 기업에 입사했기 때문에 30대가 되어서야 성과주의를 체험했습니다). 승진이 늦어진 다른 사원들은 우수한 인재로 평가받은 동기들과 확연한 차이가 나면 스트레스가 많이 쌓이게 됩니다.

그러나 한편으로는 승진 시점이 빠르면 빠를수록 그 후 역전이 일어날 가능성도 있기 때문에 처음에 '당신은 (지금 단계에서는) 상위 몇 퍼센트에는 들어가지 않는다.'는 평가를 받았을지라도 그대로 포기할 필요는 없습니다. 혹독한 현실이기는 하지만 언제든지 역전이 가능하다는 사실을 염두에 둔다면 조기 승진이 무조건 조직의 의욕을 떨어뜨리지는 않게 됩니다. 그런데도 조직원의 의욕 상실을 필요 이상으로 신경 쓰는 기업은 젊은 최우수 사원의 선발을 주저하게 마련입니다.

또 한 가지, 우리 조직에서 최우수 사원의 선발을 조기에 하지 않는 이유는 인사 평가의 주목적이 인재 육성이 아니라, 승진이나 평가(상여금 책정 등)에 있기 때문이라고 생각합니다.

어느 기업에서든 직급이 위로 올라가면 갈수록 임원직의 수는 줄게 됩니다. 특히 임원(경영자 직급) 단계에서는 그 수가 극소수에 불과합니다. 즉 과장에서 부장이 될 때의 선발보다 부장에서 임원이 될 확률이 훨씬 희박하다는 얘기입니다.

그렇기 때문에 전자는 '부장이 되지 못하는 사람을 떨어뜨리는 과정'이지만, 후자는 '임원이 되지 못하는 사람을 떨어뜨리는 과정'이 아니라 '임원이 될 수 있는 가능성이 있는 사람만을 고르는 과정'이라고 할 수 있습니다.

부장이 될 수 없는 사람을 떨어뜨리는 목적이라면 모든 과장들을 경쟁시켜서 일정 인원을 떨어뜨리면 되지만, 임원 후보를 고르는 일은 부장 전원을 경쟁시키는 것이 아니라, 부장직을 맡고 있는 사람 중에서 성과가 높은 사람만을 골라서 특별한 도전의 기회를 주어 경쟁시켜야 할 것입니다. 이를 위해 이 단계에서 처음으로 최우수 사원을 다른 사원들과 구분합니다.

이처럼 최우수 사원을 선발하는 이유를 '승진 후보자를 고르기 위해서'에 두면 젊은 최우수 사원은 임원 선발의 적령기에 이를 때까지 '기타 대다수'와 같은 길을 걸을 수밖에 없습니다.

한편 구글처럼 젊은 최우수 사원을 선발하는 기업은 선발 자체가 아니라, 육성이 그 목적입니다. 그들이 지닌 잠재력을 아낌없이 발휘하게 하기 위한 수단으로 선발하는 것입니다.

육성을 위해서라면 선발 시점이 빠르면 빠를수록 좋습니다.

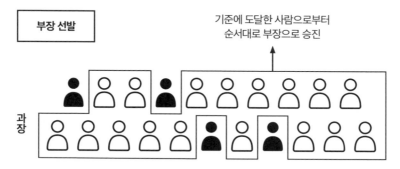

부장 선발

기준에 도달한 사람으로부터
순서대로 부장으로 승진

과장

▶ 모든 구성원을 경쟁시켜서 기준에 도달하지 않은 사람 떨어뜨린다

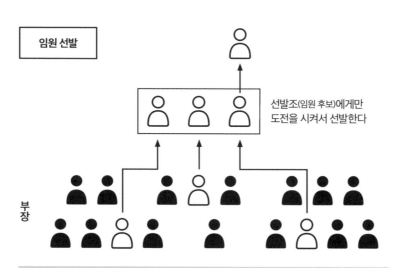

임원 선발

선발조(임원 후보)에게만
도전을 시켜서 선발한다

부장

표21 부장 선출과 임원 선출의 차이

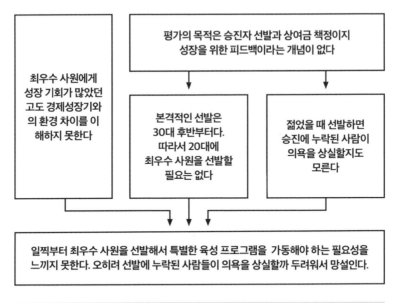

최우수 사원에게 성장 기회가 많았던 고도 경제성장기와의 환경 차이를 이해하지 못한다

평가의 목적은 승진자 선발과 상여금 책정이지 성장을 위한 피드백이라는 개념이 없다

본격적인 선발은 30대 후반부터다. 따라서 20대에 최우수 사원을 선발할 필요는 없다

젊었을 때 선발하면 승진에 누락된 사람이 의욕을 상실할지도 모른다

일찍부터 최우수 사원을 선발해서 특별한 육성 프로그램을 가동해야 하는 필요성을 느끼지 못한다. 오히려 선발에 누락된 사람들이 의욕을 상실할까 두려워서 망설인다.

표22 최우수 사원의 조기 선발에 소극적인 이유

즉 '선발은 목적이 아니라 성장 지원을 위한 필수 불가결한 수 단'이라는 의식을 가진 조직일수록 선발 시기는 빠르며, 반면에 '선발은 승진을 위한 것'이라고 생각하는 조직에서는 선발이 늦 어질 수밖에 없습니다.

또 한 가지 경제 환경의 변화에도 그 원인이 있습니다. 사업도 조직도 급격하게 확대되던 고도 성장기에는 따로 선발을 하지 않아도 최우수 사원에게 젊었을 때부터 자연스럽게 큰 도전의 기회가 주어지곤 했습니다.

과거 고도 성장기와 함께했던 대부분의 사람들이 '우수한 인재는 가만히 놔두어도 성장한다.'고 생각하는 이유는 자신들이 그런 환경에서 자랐기 때문입니다.

하지만 시장의 성장 속도가 둔화된 시기에는 조직의 형태가 안정되면 최우수 사원이라도 연차나 직함 등 '그 자리에 적합한 역할'밖에 주어지지 않습니다. 나아가 시장의 성장률이 저하되면 업무 중에서 일상적인 일이 차지하는 비중도 늘어납니다.

이 때문에 저성장 분야의 사업을 하는 기업이나 직급의 층이 많은 큰 조직, 연령 구성이 역피라미드형 조직에서는 '능력 있는 직원이라면 자연스럽게 성장할 것'이라는 안이한 기대는 버려야 합니다. 이러한 환경에 있는 기업일수록 더 의식적으로 젊은 최우수 사원을 육성해야 하기 때문입니다.

최우수 사원을 육성하는 세 가지 방법

마지막으로 최우수 사원의 잠재력을 최대한 발휘하게 하고, 그 성장 속도를 높이기 위한 포인트를 간단히 정리해보겠습니다.

도전적인 목표를 준다

'도전적인 목표(Stretch goal)'란, 조금 노력하는 것만으로는 도달하지 못하는 목표를 가리킵니다. 눈앞의 업무에 쫓기는 보통 사원에게 지나치게 높은 목표를 주면 스트레스 때문에 좌절할지도 모릅니다. 하지만 여력이 남아도는 최우수 사원은 온 힘을 다해 노력해도 이루기 힘든 도전적인 일에서 성취감을 느낍니다. 따라서 충분히 할 수 있는 과제만 부여함으로써 성장 커브가 멈추지 않도록 하는 것이 중요합니다.

비교 대상을 바꾼다

그들이 자신과 비교하는 대상으로 (자신보다 못하는 사원이 아니라) 다음 세 사람을 의식하게 합시다.

- 1년 전 자신
- 사내 또 다른 최우수 사원
- 타사 또래의 최우수 사원

인사 평가에서 현재의 본인이 1년 전의 자신에 비해 무엇이 얼마나 성장했는지 언어로 표현하게 하여 충분히 성장하고 있는지 되돌아보도록 해야 합니다. 목표도 '1년 후에는 어떤 점에서 지금보다 얼마나 성장하고 싶다.'는 식으로 구체적으로 세우도록 합니다.

물론 사내 평가에서 '작년도 올해도 A평가'라고 해도 상관없습니다. 하지만 최우수 사원에게는 이러한 흔한 평가 이외에 '자신이 작년보다 올해 얼마나 성장할 것인지, 즉 성장 폭을 얼마나 극대화할 것인지'에도 관심을 가지게 해야 합니다.

이것은 상여금 책정이나 승진을 판단하기 위해서가 아니라, 성장 지원을 위한 인사 평가입니다. 최우수 사원의 경우, 일반적인 평가로는 별로 의미가 없습니다. 그들에게는 더 나은 성장 지원을 위한 특별한 목표 설정을 되돌아보는 피드백 자체가 중요합니다.

이러한 '작년과 올해의 차이=성장 정도'는 사내의 다른 최우수 사원과 비교해보아야 합니다. 예를 들어 영업 부문의 최우수 사원에게는 "기술부의 B씨는 작년 후반 석 달 동안 해외 프로젝트를 겸임하면서 자신의 부서를 이끌었고, 해외 프로젝트 멤버로서도 성과를 올렸지. 이공계여서 어학을 잘 못했는데 열심히 해서 극복했다네."라고 이야기해보면 어떨까요?

이처럼 자신과 비교되는 사람은 사내의 보통 사원이 아니라 다른 최우수 사원이라는 사실을 알리고 '당신과 비슷한 우수 사원이 최근 1년간 당신보다 빠른 속도로 성장했다. 당신도 더 빠른 속도로 성장할 수 있을 것'이라고 계속 인지시킵니다.

이렇게 한 단계 높은 수준에서 경쟁함으로써 '나는 매년 좋은 평가를 받고 있다.'는 안도감을 '더 빠른 속도로 성장해야지.' 하는 긴장감으로 바꿔야 합니다.

그리고 그 성장을 실현하기 위한 도전적인 목표를 주는 것, 이것이 최우수 사원을 육성하는 기본입니다.

"나의 경쟁자는 회사 밖에 있다"

마지막으로 그들이 회사 외부의 탁월한 최우수 사원의 모습을 최대한 의식하도록 만들어봅시다. 제가 지금까지 만나온 인재들, 연공서열식 조직에 소속되어 있으면서도 일찌감치 무서운 속도로 성장한 사람들에게는 공통점이 있습니다.

30대 전반까지 해외 기업과의 공동 프로젝트에 참가했던 경험이 있는 사원에게는 결단력, 리더십, 통찰력 면에서 현저한 (나이에 맞는 수준을 초월한) 성장을 볼 수 있었습니다. 그 성장은 유학이나 자사의 해외지사 부임과 같은, 어떻게 보면 안정된 환경 속에서의 해외 경험과는 차원이 다릅니다.

국내시장의 축소와 더불어 해외 기업 매수나 현지 기업과의 합병으로 해외로 진출하는 기업은 앞으로도 늘어날 전망입니다.

이러한 직장은 최우수 사원을 기르는 환경으로서 더할 나위 없이 좋습니다.

더 가까운 곳에서는 사내 강연이나 연수회에 초청하는 강사도 바꾸어봅시다. 사내 강연회에 유명 스포츠 선수나 평론가를 부르는 기업은 대단히 많지만 최우수 사원을 기르기 위해서는 다음과 같은 강사가 더 큰 임펙트를 주기도 합니다.

- 20대에 혁신적인 조직을 이끄는 젊은 기업가
- 30대에 글로벌 기업의 국내 지사에서 한 부서를 이끄는 전문직 종사자 등 다른 업계의 젊은 최우수 사원
- 40대 외국계 기업 아시아 부문 총괄 대표 등 다른 업계 최고 성과자

자신과 같은 세대인데 월등하게 수준 높은 사람을 보면 '젊은데도 이렇게 큰일을 하고 있구나.' 하며 자극을 받을 것입니다. 이러한 경험을 통해 그들이 가야 할 목표를 한층 더 높일 수 있습니다.

성장 가능성이 큰 그들을 현재 상태로 만족시키는 것은 엄청난 손실입니다. 다양한 연구를 통해 그들의 성장 가능성을 최대한으로 끌어내면 조직 전반의 생산성을 높이는 데도 큰 영향을 줄 수 있습니다.

5강

늙어버린 조직과 생산성

중년 직원은
성장할 수 있을까

—— 　　대부분의 기업에서 고연령 직원 문제는 어찌해야 될지 모르는 뜨거운 감자입니다. 그렇다 보니 '해고'와 '재교육'이라는 두 방법 사이에서 방황하곤 합니다. 현실적인 방법인 해고는 법적인 문제를 야기할 뿐 아니라, 조직에게 필요 없으면 버림받는다는 잘못된 메시지를 전체 직원들에게 전할 수 있고, 반대로 이 문제를 방치할 경우 조직 전체에 '무기력'이 전염될 가능성이 높습니다. 이 문제 또한 생산성 추구의 관점에서 뚜렷한 해법을 찾을 수 있습니다.

방치되는 후방의 중년 사원

이번 강의에서는 사내 진급에서 누락된 후 조직 속에서 계속 방치되는 고연령대 직원들의 문제점에 대해 다루고자 합니다.

주요 사원의 승급 및 승진은 업종이나 업계마다 다르지만, 어느 기업에서든 일정의 연령대부터 관리직으로 부하직원을 거느리고 계속 승진해나가는 사원과 그렇지 못한 사원으로 나누어지기 시작합니다. 이때 선택받지 못한 사원은 위로 올라가면 갈수록 직위가 줄어드는 피라미드형 조직의 구조에서 고위 임원직으로 선택받는 사원 수보다 훨씬 많게 됩니다.

더구나 '죽어라고 열심히 했는데도 승진하지 못했다.'는 사실 자체가 그들의 의욕을 감소시킵니다. 그러므로 뭔가 대책을 세우지 않으면 조직 속에서 '의욕을 잃은 사람들'이 대거 생겨나게 마련입니다.

옛날처럼 고도 성장기에는 이러한 사람들에게도 기회를 얼마든지 다시 줄 수 있었습니다. 사업 영역이 해마다 확대되고 자회사의 수가 지속적으로 증가했기 때문입니다. 그래서 본사에서 진급에 누락된 사람도 자회사나 관련사에서 관리직을 맡아 자부심과 의욕을 회복할 수 있는 기회가 다시 생겼습니다.

하지만 그런 성장기가 막을 내린 지금은 진급에서 누락된 사람들에게 두 번의 기회는 없습니다. 더구나 성과주의 도입으로 진급 시기는 점점 더 빨라지고 있는 가운데 정년은 더 연장되고 그들이 사내에 머물게 되는 기간 또한 점점 더 늘어나고 있습니다. 표23

더불어 임원 정년이 도입되어 50대 이후에는 권한도 보수도 더 이상 늘지 않거나 오히려 삭감되는 기업도 적지 않습니다. 이러한 상황에서는 아무리 회사가 "의욕을 잃지 말고 일하라."고 해도 그들에겐 귓등으로도 들리지 않습니다.

앞 강에서도 언급했지만 사내의 어느 층에 중점적으로 투자할지는 인재 육성상의 방침에 의해 정해집니다. 우선은 최우수 사원, 그 다음은 우수 사원의 순으로 투자해야 하는 것은 지극히 당연한 수순입니다.

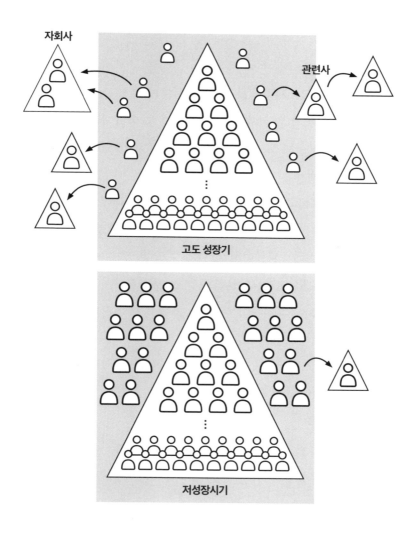

자회사

관련사

고도 성장기

저성장시기

표23 승진에 누락된 중장년층 직원들에 대한 변화하는 사내 대우

하지만 특정 사람들을 통째로 방치해두는 것은 결코 바람직하지 않습니다. 왜냐하면 어떤 조직이든 진급에서 누락되는 사람의 수가 진급되는 사람보다 월등하게 많기 때문입니다. 이 그룹의 생산성 향상을 포기해버리면 아무리 소수의 선발대나 젊은 사원이 의욕적으로 재량을 쌓고 생산성 향상에 매진한다 해도 조직 전반의 생산을 높이는 일은 지극히 어려운 일입니다.

이는 편의점이나 대형 상업시설의 생산성이 아무리 높아도 대다수를 차지하는 개인 상점의 생산성 향상을 포기하고 방치하는 한, 소매업 전반의 생산성이 향상되지 않는 것과 마찬가지입니다. 농업의 생산성도 일부 선진 농가만 분발한다고 해서 생산성을 올리지 못하는 다수의 소규모 농가들을 방치하면 전체의 생산성을 높일 수는 없습니다.

무기력은 전염된다

진급에서 누락된 중장년층의 재교육, 즉 육성을 포기하는 기업이 안게 될 가장 큰 문제는 그들을 포기하는 것이 조직 전반에 악영향을 미친다는 점입니다.

최전방에서 직무 해제된 중년 직원을 특정 부서에 모으면 그 부서는 사내 '고려장' 같은 취급을 받게 되고, 티 나지 않게 여기저기 다른 부서에 나누어 배속하면 '어느 부서든지 일 못하는 뒷방 늙은이가 있는' 상태가 되고 맙니다. 이런 조직에서 일하는 것은 아직 선발 연령에 도달하지 않은 젊은 사원에게도 좋지 못한 영향을 미칩니다.

연공서열식 조직에서는 젊은 사원의 연봉이 그들보다 낮아 불공평하다는 생각이 들지도 모릅니다. 스스로의 능력에 자신이 있는 젊은 사원에게는 그것이 실력 위주의 기업으로 이직해가는 이유가 되며, 심지어는 취업활동 때부터 "일 안 하는 뒷방 늙은 이들을 먹여 살리지 않아도 되는 회사에 취업하고 싶다."라고 공공연히 말하는 젊은이들도 있습니다.

한편 평소에 자신감이 별로 없는 젊은 사원들에게는 방치된 중년 직원이 자신의 미래 모습으로 비춰지게 됩니다. 어차피 자신도 저렇게 될지도 모른다고 생각하면 그들 또한 조직에 인생을 좌지우지 당하지 않는 방법을 모색하기 시작할 것입니다.

승진에서 누락된 사람이 조직 내에 오래 머물면 그들과 관리직과의 연령 역전의 폭도 커집니다. 이는 본인의 자존감에 상처를 줄 뿐 아니라 '예전 상사를 지금은 부하직원으로 둔 관리자'의 생산성도 떨어뜨리게 됩니다.

왜냐하면 관리직 사원이 원래 상사였던 연하의 부하직원을 대하기가 어려워서 꼭 해야 할 일을 지시하지 못하는 경우나, 관리하기 어려워서 차라리 예전 상사를 가용 인재로 여기지 않고 다른 멤버들만으로 성과를 올리려다 과부하가 걸리는 사태가 발생할 수 있기 때문입니다.

또한 승진에서 누락된 사람의 자존감을 지키기 위한 ('부장部長'이나 '부부장副部長'과 같은) 직함을 늘리면 서류결제 때 형식적으로라도 받아야 하는 도장의 수가 늘어서 의사결정이 늦어지는 등, 업무의 생산성에도 나쁜 영향을 미칠 수 있습니다.

해고할 것인가, 재교육할 것인가

일본과 미국은 직원을 해고하는 시스템이 크게 다르다고들 말합니다. 일반적으로 미국은 개인의 능력이나 성과가 부족하다는 이유로 해고할 수 있고, 일본은 그렇지 못하다는 이미지가 존재합니다. 만약 이게 사실이라면 해고가 어려운 일본 기업이야말로 성과를 내지 못하는 직원 재교육에 더욱 힘을 쏟아야 하지 않을까요?

하지만 중년 직원의 육성에 대해서는 반대 현상이 벌어지는 것 같습니다. 맥킨지를 포함해서 해고가 용이한 미국 기업이 오히려 진급에 누락된 사람에게 스킬업의 기회(교육)를 주는 데 적극적이기 때문입니다(게다가 맥킨지 일본 지사는 일본 법인이며, 일본의 노동법하에 있습니다).

해고가 가능하다고 해서 채용 후 일을 못한다고 바로 해고한다면 업무가 제대로 돌아가지 않습니다. 미국 기업도 해고가 가능하다고 해서 자질이 낮은 사원을 교육시키지 않고 무조건 해고할 수만은 없습니다.

하물며 규정상 해고해야 한다면 모든 사람이 조금이라도 활약할 수 있도록 재교육에 적극적으로 투자를 해야 합니다. 그런데도 '교육' 하면 신인 연수와 새로운 관리직을 대상으로 하는 경우가 대부분인 기업이 적지 않습니다.

'그것은 어쩔 수 없는 일이다. 왜냐하면 신인은 의욕이 넘쳐나지만 베테랑 사원은 새로운 것을 배울 기력도 유연성도 부족하니까.'라든지 '젊은 사람은 가르친 보람이 있지만 중장년은 교육시켜도 변함이 없다.'고 믿는 사람도 있습니다.

이런 사람들도 일부 있을 수 있지만 선발에 누락된 중장년 직원의 대부분이 그런 사람들이라는 말은 아닙니다. 그들의 재교육과 육성을 처음부터 포기하는 것은 지금과 같은 인력 부족 시대에 너무나 아까운 경영 자원의 낭비가 아닐까요?

중년 직원들이 의욕을 잃는 진짜 이유

그렇다면 이 그룹의 생산성을 높이려면 무엇이 필요할까요? 사실 이들에게 가장 필요한 것은 '회사는 아직 당신들에게 기대하고 있다.'는 메시지입니다.

그들이 단지 승진에 누락되었기 때문에 의욕을 상실한 것만은 아닙니다. 승진에 누락된 결과 '아무도 자신에게 기대하지 않는다.'고 느끼기 때문입니다.

이런 직원들 중에는 재교육의 기회는커녕, 현재 자신이 내고 있는 성과가 회사에서 원하는 수준에 비해 얼마나 낮은지, 무엇이 부족한지조차 알지 못하는 사람도 있습니다.

현재 상황이 어떤지 서로 공유하지 않는다면 본인도 상황을 객관화시키지 못하고, 바뀌어야 한다는 절박함도 느끼지 못합니다. 또한 그런 상황이 오래 지속되면 '회사는 더 이상 나에게 아무것도 기대하지 않는다. 그러므로 무리해서 노력할 필요도 없다.'고 생각하기에 이릅니다. 많은 사람들이 그렇게 생각한다면 개인에게 의욕이나 자원이 부족해서가 아니라, 조직의 인재 육성 능력에 문제가 있기 때문입니다.

이 그룹이 생산성이 낮은 채로 방치되어 있다는 사실을 인식하고 있는 기업은 많습니다. 그런데도 '승진에 누락된 중장년층'의 재교육에 미온적인 태도를 보이는 기업이 적지 않은 이유는 엄격함과 친절함을 잘못 해석하고 있기 때문인지도 모릅니다.

　조직 입장에서는 '승진에 누락되어 좌절해 있을 텐데, 구태여 무엇이 잘못되었는지 자세히 설명하고 신입사원 교육처럼 기술적인 교육을 받게 하는 것은 차마 할 짓이 못된다.'라고 생각하기 때문입니다.

　얼핏 친절하게 배려해주는 것 같이 보이지만 이런 생각이 계속되면 그들은 자신을 바꿀 기회가 없어집니다. 자신의 평가를 진솔하게 듣고 현시점의 성과를 직시해 조금이라도 생산성을 올릴 수 있도록 지원하는 것, 그것은 언뜻 혹독한 요구처럼 보이지만 실은 매우 친절한 대우입니다.

　자신이 몇 살까지라도 계속 성장할 수 있다는 것을 깨닫게 되면, 누구든지 기쁘게 마련입니다. 처음엔 '이 나이에 교육을 받아야 하다니….'라고 굴욕적으로 생각하는 사람도 있겠지만, 나이를 먹어서도 누군가가 나에게 기대하고 진지하게 평가를 해주고, 새로운 것을 배울 기회를 주는 것입니다. 성과를 내면 칭찬받을 수 있고 못 내면 솔직한 피드백을 받아야 합니다. 이러한 상황에 놓이면 비로소 그는 '나에게 기대하고 있다. 기대를 저버리지 말아야지….'라고 생각하게 됩니다.

　구체적으로 무엇이 잘못되었는지, 무엇을 기대하고 있는지조차 명확하게 알려주지 않은 채 정년까지 긴 시간을 방치하는 쪽이 훨씬 더 잔혹한 행위라고 봅니다.

'엄격하게 보이지만 친절하다.'와 '친절하게 보이지만 엄격하다.'는 비슷하게 보이지만 전혀 다릅니다. 미국형 기업사회에서는 조직이 기대하는 성과를 내지 못하는 사람은 가차 없이 해고당합니다. 하지만 해고당하면 노동시장에 다시 나가 거기에서 몇 개의 직장을 거쳐 성공할 수 있는 직업을 만나는 사람도 적지 않습니다.

"당신의 적성이나 능력은 이 조직에 맞지 않는다."는 말을 듣고 일시적으로 충격을 받을지 모르지만 결과적으로 적성에 맞는 직장을 찾게 하는 것이 '엄격해 보이지만 친절한 대우'가 아닌지 생각해야 합니다.

한편 이러한 사람들을 계속 사내에 끌어안고 동시에 성장도 포기해버리면 그 사람은 남은 직장생활을 이미 가능성을 보여줄 수 없는 조직에서 (표현은 좋지 않지만) 그냥 끝까지 데리고 있는 꼴이 되고 맙니다. 이것은 해고하지 않는다는 의미에서는 '친절한' 처사일지 모르지만 그 사람의 삶을 진심으로 고려한다면 너무나도 '가혹한' 처사입니다.

정사원을 해고하지 않는다는 방침이나 법률이 있다면 적어도 재직 중에는 항상 조직이 기대하고 성과에 따라 정당한 피드백을 받을 권리가 모든 사람에게 있지 않을까요?

'배려'라는 이름의 무관심

글로벌 혁신 기업들에서는 인재를 평가할 때 그 사람의 '뛰어난 (distinctive)' 능력이나 분야, '개발해야 할(development needs) 분야'를 본인에게 함께 전달합니다. 'distinctive'란 '탁월하다'는 뜻으로 그 사람의 장점, 강한 점을 의미합니다.

한편 'development needs'는 본인의 취약한 점을 뜻하지만, 직역하면 '앞으로 능력개발(development)이 필요한 부분'이라 할 수 있습니다. 즉 인사 평가를 할 때 본인의 장점과 약점이나 결점을 함께 지적하기보다는 '앞으로는 이런 능력을 더 길러나가라.'는 것으로 성장을 위한 조언과 충고를 해주는 자세를 취합니다.

실질적으로는 약점이나 다를 바 없지만 왜 굳이 '결점(weakness)'이나 '약점(week points)'이라는 말을 사용하지 않느냐 하면 지적하는 이유를 명확히 하기 위해서입니다.

만일 이 피드백이 승진 심사나 상여금 책정을 위한 것이라면 '강점'과 '약점'을 지적하면 될 것입니다. 이러한 강점이 있기 때문에 A평가다, 이러한 약점이 있으니 B평가라고 설명하기 쉽기 때문입니다. 혹은 이런 점이 약하니까 이번에는 승진을 할 수 없다는 설명에도 '약점'이라는 표현이 적절합니다.

하지만 승진이나 상여금 책정을 위해서가 아니라 성장을 독려하기 위한 피드백을 줄 때는 굳이 '약점'이라는 부정적인 말을 사용할 필요는 없습니다. '앞으로는 이 점을 개선시켜라!'고 메시지를 전달할 때는 '앞으로 개발이 요구되는 분야'라는 뜻의 '개발해야 할 분야'라는 말을 사용하는 편이 적절합니다.

조직이 사람을 평가하는 목적, 즉 인사제도의 목적은 승진자를 정하거나 상여금을 책정할 때만이 아닙니다. 더 중요한 것은 개개인이 앞으로 어떤 분야에 주력해서 능력을 개발시켜야 할지, 각자 나아가야 할 방향을 명시하고 '다음 평가 때까지 당신이 이것을 할 수 있게 되기를 기대한다.'고 전달하기 위함입니다.

이에 따라 자신에게 요구되는 성장 방향을 올바르게 이해하는 한편, 회사가 자신에게 기대하고 있다는 사실을 실감할 수 있어서 노동이나 성장에 대한 의욕을 유지할 수 있습니다.

즉 여기서 중요한 사실은 '순위를 정하기 위한 평가'와 '성장을 지원하기 위한 구체적이고 자세한 피드백'을 구분해서 써야 한다는 점입니다.

전자는 '당신의 평가는 A다, D다.'라는 식으로 조직상에서 서열을 나타내는 종합적인 평가로 승진을 판단하거나 상여금을 책정하기 위해 사용합니다. 피라미드형 조직이 인재를 선발하는 과정에서는 당연히 이러한 평가도 필요합니다.

한편 그 사람의 업무 성과나 능력에 대한 자세한 피드백은 성장 지원과 의욕을 향상시키기 위한 것이므로 사내 승진이 끝난 후의 그룹도 포함해서 모든 사원에게 필요합니다.

그런데도 승진에서 누락된 집단에 대한 평가를 소홀히 하는 것은 '평가제도라고 하면 승진과 상여금 책정을 위한 제도'라는 잘못된 인식이 있기 때문입니다.

이런 식으로 생각하기에 '이미 승진이나 연봉 인상의 가능성이 없는 사람에게 자세한 인사 평가를 할 필요성을 느끼지 않는다.'는 말이 나오곤 합니다.

많은 사람들은 A, B라는 등급보다, 일에 대한 구체적이고 자세한 피드백을 받을 때 대단히 진지하게 그 점을 받아들이게 됩니다. 자신의 행동이나 업무 자세가 긍정적으로 평가되고 있다는 사실을 알면 설령 연봉에 반영되지 않더라도 동기부여로 이어집니다. 반대로 부정적인 피드백을 받으면 그것이 연봉이나 직무에 영향을 주지 않는 것일지라도 심각하게 받아들이게 됩니다.

제 자신도 승진이나 연봉의 가능성이 지극히 제한된 기업 관리부서의 매니저라는 직위에서 10년 이상 일해왔지만, 부하직원들로부터의 평가나 다른 부서로부터의 평가, 그리고 '지금까지 딱히 잘하는 것은 아니었지만 이제는 아주 조금 잘할 수 있게 되었다는 믿음', 즉 성장한다는 자신감은 앞으로도 열심히 해야지 하는 충분한 동기부여가 되었습니다.

성장을 위한 피드백은 승진을 위한 평가와는 달리 자세하고 구체적인 것에 의미가 있습니다. 그 사람이 담당한 영업 활동이나 기획서 등에 대한 지극히 자세한 피드백, 예를 들어 '어느 때어느 설명 방식은 고객에게 ○○이라고 생각하게 만들었다는 점에서 대단히 효과적이었다.'라든지 '○○에 관한 조사는 조금 시간이 많이 걸렸지만 ○○부분에 대해서는 기대 이상으로 깊이가 있었다.'라는 식의 구체적인 피드백은 부정적인 것일지라도 납득할 수 있고 다음에 어떻게 개선하면 좋을지에 대한 아이디어도 줍니다. 더구나 상세하고 구체적인 피드백을 받으면 사람은 '내가 하는 일을 잘 지켜보고 있구나.'라고 느끼고, 한 걸음 더 나아가 '앞으로도 열심히 해야지.'라는 동기부여로 이어집니다.

요즘에는 관리직과 베테랑 사원의 나이가 역전되는 일이 흔합니다. 이런 상황에서 연하의 관리직 입장에서도 종합적인 평가로 상세하고 구체적인 피드백을 전달하기가 훨씬 쉽지 않을까요?

사람을 포기하지 않는다

조직의 구조가 피라미드형인 이상, 언제까지나 모든 직원에게 승진이나 연봉 인상의 길이 열려 있는 것은 아닙니다. 어떤 조직이든 선발에서 누락된 사람의 의욕을 어떻게 유지하고 성장을 촉구할지가 향후 점점 더 중요한 과제로 떠오르고 있습니다.

조직 안에 '전혀 성장하지 않는 사람들'을 다수 끌어안고 그들의 성장을 포기하면 조직 전반에 헤아릴 수 없이 나쁜 영향을 미치게 됩니다. 반면 그런 사람들의 생산성을 아주 조금이라도 끌어올릴 수 있다면 장기적으로는 조직 전반의 생산성이 크게 향상됩니다. 그 계기가 되는 것이 자세하고 구체적인 성장을 돕는 피드백입니다.

앞 강에서 다룬 최우수 사원은 사내 평가제도에서 항상 A평가를 받는 사람들이기 때문에 그들은 충분한 성장을 지원하는 데 필요한 (때로는 혹독한) 피드백을 받지 못하곤 합니다.

승진에서 누락된 중장년은 그와 반대로 조직적으로 이미 평가할 필요가 없다고 판단된 사람들이기 때문에 이들 또한 그런 피드백을 받지 못합니다.

전자는 소수이지만 크게 성장할 가능성을 지닌 사람들, 후자는 성장 가능성은 적지만 다수의 그룹입니다. '스스로 알아서 성장할 것'이라고 생각되는 사람들과 '새삼스럽게 성장하지 않겠지.'라고 방치된 사람들이라고도 볼 수 있습니다. 이처럼 가장 많이 성장할 수 있는 사람들과 수적으로 많은 사람들을 포기해버리면 생산성이 높은 조직을 만드는 일은 거의 불가능합니다.

6강

성과와 육성,
두 마리 토끼 잡기

생산성 향상을 위해
리더가 생각해야 할 것

—— 　　관리자는 조직의 생산성 향상을 위해 리더로서 역할을 수행해야 합니다. 다수의 리더들은 부하직원을 육성하는 일보다 우선 눈앞의 성과가 더 중요하다고 판단합니다. 성과를 올리는 것이 부하직원을 육성하는 것보다 짧은 시간 안에 가능하다는 믿음과 부하직원을 제대로 육성할 수 있을지에 대한 의구심을 갖는 것입니다. 그러나 이는 장기적인 생산성 향상을 목표로 한 조직의 관점에서 보면 매우 잘못된 생각입니다. 혁신 기업들은 지속적으로 부하직원을 육성함으로써 뛰어난 성과를 성취하고 있습니다. 이제 그 이유를 살펴보겠습니다.

성과와 육성은 양립할 수 없다?

지금까지 최우수 사원과 선발에서 탈락된 그룹의 육성 방법(생산성을 높이는 방법)에 대해 설명했습니다. 이번 강의에서는 조직의 대부분을 차지하는 일반 사원의 생산성을 높이기 위해 관리자가 해야 할 역할에 대해 정리해보기로 하겠습니다.

먼저 결론부터 말하자면, 관리자는 '조직의 생산성 향상을 위해 리더십을 발휘하는 사람'입니다.

흔히 '관리자의 중요한 역할로서 업무의 성과를 올리는 것뿐만 아니라 부하직원을 육성하는 일'이라는 말을 자주 하곤 하는데, 이는 잘못된 오해입니다. 왜냐하면 'A뿐만 아니라 B도 중요하다.'는 말은 'A를 추구하면 B가 소홀해지기 쉽지만 두 가지 다 중요하다.'는 말처럼 들리기 때문입니다.

좀 더 직접적으로 말하면 '아무리 바빠도 부하직원 육성에 시간을 투자해야 한다.'는 말도 많이 듣는데, 이것은 마치 성과를 올리는 일과 부하직원 육성이라는 두 가지 의무가 관리자의 시간을 서로 뺏으려는 별개의 일처럼 생각하게 만듭니다.

부하직원의 자질이 향상되면 팀 전체의 성과도 당연히 오릅니다. 그럼에도 '성과를 올리는 데 바빠서 부하직원을 육성할 시간이 없다.'는 말이 성립할 수 있을까요?

그것은 부하직원을 육성해도 일의 성과로는 바로 이어지지 않는다고 생각하기 때문입니다. 업무 성과는 지금 당장 올릴 필요가 있지만 부하직원 육성에는 시간이 걸립니다.

바로 성과가 오르지는 않는다고 생각하기 때문에 '성과를 올리는 일'과 '부하직원을 육성하는 일'이 양자택일이 되고 맙니다.

그렇기 때문에 '눈앞의 성과를 올리기 위해서는 부하직원 육성에 시간을 쓰기보다 자신이 열심히 하는 편이 빠르다.'고 생각하는 사람이 나오게 됩니다. 그러나 아직도 관리자가 그런 사고방식을 가지고 있다면 그 조직의 생산성은 향상되지 않습니다.

반대로 부하직원의 자질 향상이 부서의 성과를 올리는 데 효과적인 수단이라고 인식하면 '바빠서 부하직원을 육성할 틈이 없다.'가 아니라 '바쁘니까 빨리 부하직원을 육성해야지!'라는 쪽

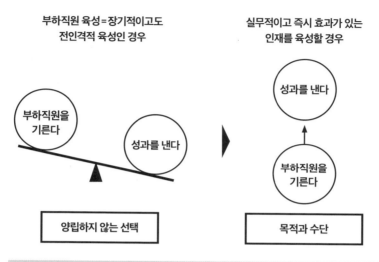

표24 성과와 부하직원 육성의 관계

으로 생각을 바꿀 수 있습니다. 표24 업무의 성과는 자신이나 부하직원이 더 장시간 일해서 올리는 것이 아니라, 팀의 생산성을 높여서 실현하는 것입니다.

　사원 재직 연수가 짧은 외국계 기업이나 벤처기업에서는 부하직원 육성에 보다 단기적인 성과가 요구됩니다. 이번 강의부터 9강까지 4개의 강의에서는 성과에 직결될 수 있도록 부하직원의 자질을 향상시키는 방법을 소개하고자 합니다. 우선 이 강의에서는 OJT나 팀 관리 방법에 대해, 다음 강인 7강에서는 생산성이 높은 훈련 방식에 대해, 8강에서는 자료작성 방법, 그리고 9강에서는 회의의 생산성을 높이는 다양한 방법에 대해 구체적인 방법을 소개하고자 합니다.

사무실에 타이머를 놓는다면

제가 직접 신입사원 육성을 담당할 무렵의 일입니다. 저는 실적이 오르지 않는다고 고민하는 신입 컨설턴트에게 주방용 타이머를 써서 작업시간을 가시화하라는 충고를 하곤 했습니다. 요즘에는 스마트폰으로 대체할 수 있지만 당시에는 주방용 타이머가 가장 저렴한 상품이었기 때문입니다.

거의 모든 신입 컨설턴트가 입사 후 가장 먼저 직면하는 문제는 생산성이 너무 낮다는 것입니다. 모두가 우수하고 열심히 일하지만 어떻게 일해야 생산성을 높일 수 있는지 알지 못합니다.

첫 프로젝트에서 갑자기 일이 너무 늦다는 지적을 받은 신입사원은 당황해서 인재 육성 담당인 제게 찾아왔습니다. 상사가 건네준 자료를 3일이 걸려도 끝내지 못하고 있어서 고민에 빠졌기 때문입니다.

그들에게 제가 주방용 타이머를 사용하라고 추천하는 이유는 그들이 현재 무엇에 얼마만큼 시간이 걸리는지 스스로 파악하도록 하기 위함입니다. 저는 수많은 신입사원을 지도해왔기 때문에 그들이 왜, 무엇을 고민하는지 처음부터 알고 있지만, 그들이 그것을 스스로 이해할 수 있게 하기 위해 일부러 타이머를 쓰라고 추천한 것입니다.

업무가 더딘 신입사원은 최종적인 성과와 무관하게 불필요한 정보를 대량으로 모아서 읽는 데 몇 시간씩 소비하거나, 부가가치가 거의 제로에 가까운 그래프를 말끔히 정돈하는 작업 등에 막대한 시간을 투자하기도 합니다.

자신이 그처럼 부가가치가 낮은 작업에 얼마나 긴 시간을 쓰고 있는지, 즉 얼마나 업무의 생산성이 낮은지를 실감하게 해주기 위해 타이머는 매우 유용합니다.

처음에는 자료의 각 페이지에 소비한 시간을 기록하라고 조언하는데, 첫 페이지를 작성하는 데 59분밖에 잴 수 없는 타이머를 두 번이나 리셋했다는 신입사원도 있습니다. 하루 안에 자료를 완성하려면 자료 1개당 30분 이내에 분석해야 하는데도 2시간이나 걸렸다는 것이죠.

그래서 이번에는 그 2시간을 '자료를 찾는 시간', '자료를 읽는 시간', '숫자를 입력하는 시간', '그래프를 만드는 시간' 등으로 각각 나누어 재게 했습니다. 그러자 자료를 찾는 데만 30분 넘게 걸렸다는 사실을 알게 되었습니다.

그들은 그제야 '이런 식으로 하면 절대 안 되겠다.'라고 생각하게 되었습니다. 이 시점에 이르면 비로소 저는 맥킨지식 자료작성 방법(8강 참조)을 전수하게 된 셈입니다. 이렇게 함으로써 '업무처리 방식에 따라서 얼마나 생산성이 달라지는지'를 실제 체험을 통해 이해할 수 있기 때문입니다.

아무리 신입사원이 머리로 올바른 방법을 이해한다 해도 생산성이 아직은 매우 낮습니다. 그래서 그것을 조금씩 올려나가기 위해서라도 타이머가 유용합니다. 무엇을 어떻게 바꾸면 속도가 얼마나 달라질지, 효과를 하나하나 측정함으로써 한층 더 개선할 수 있기 때문입니다. 타이머를 사용하지 않고 생산성을 높이려는 것은 체중계에 오르지 않고 다이어트를 하는 것과 같은 것입니다. 효과를 측정할 수 없다면 올바른 방법인지도 판단할 수 없습니다.

입사 후 1년 동안 신입사원은 조사, 분석과 자료작성에서 5배나 생산성을 높일 수 있습니다. 그 시점과 통상적인 승진 시점을 비교하면 3배 이상 더 생산성을 올려야 합니다. 임원직을 목표로 한다면 거기에서 몇 배나 더 생산성을 향상시켜야 할 것입니다. 맥킨지에서 성장한다거나 승진한다는 것은 업무의 생산성을 높이는 것 이외엔 아무것도 없습니다.

원래 경영의 세계에서는 '잘못된 결단이라도 아무것도 결단하지 않는 것보다 낫다(A bad decision is better than no decision).'라는 말을 자주 하는데, 최고의 판단을 하기 위해 몇 달간 계속 고민하고 아무것도 결단하지 않는 일은 있을 수 없습니다. 시간의 가치가 지극히 중요한 분야에서 일한다는 사실을 이해시키기 위해서라도 자신은 무엇에 얼마만큼의 시간을 들여야 할지, 제대로 자각할 필요가 있습니다.

덧붙여서 제 자신도 여전히 타이머를 애용합니다. 2,000자 원고를 쓰는 데 걸린 시간, 구상하는 데 걸린 시간, 아침에 이메일을 처리하는 데 걸린 시간을 재서 메모해두는 것만으로도 '이 시간을 반으로 줄이려면 어떻게 하면 좋을까?'라고 자기 자신에게 물어보는 계기가 되기 때문입니다.

타이머는 제조 현장의 생산성 향상에 꼭 필요한 기구입니다. 타이머를 사용하지 않고 생산성을 향상시키려는 공장은 없을 것입니다.

반면에 사무직에서 타이머를 보는 일은 거의 없습니다. 사무직에 종사하는 사람들 중에는 '우리는 타이머로 측정할 수 있는 일이 아니라, 더 창조적인 일을 하고 있다.'라고 말하는 사람도 있는데 정말로 그럴까요? 사무직 일 중에서도 매일, 매주, 매달 반복되고 있는 일상적인 업무는 생각보다 대단히 많습니다.

현장직에 대한 근거 없는 우월감에서 벗어나 '생산성을 높이기 위한 기본 사무용품'으로 타이머를 사무직에서도 널리 사용한다면 사무직의 생산성도 크게 개선될 것으로 보입니다.

우리는 낮은 생산성에 방치되어 있다

사무직에서 타이머를 활용할 수 있는 또 한 가지 예를 소개해 보겠습니다. 한 기업의 어느 부서에서 최근 급격히 외국 기업과의 거래가 늘어 영어로 이메일을 보내야 할 기회가 늘었다고 가정합시다.

이때도 영어 이메일을 하나 읽고 답장하는 데 걸리는 시간을 타이머로 재봅시다. 송신 후 바로 그 이메일을 인쇄해서 그 이메일을 쓰는 데 걸린 시간을 5분, 혹은 15분으로 메모합니다. 이 이메일 인쇄물을 모두 모아 두었다가 그룹 안에서 '영문 이메일을 쓰는 데 쓰는 시간'을 파악하고 개선책을 검토해봅시다.

이렇게 하면 측정시간을 기록하는 일이 부끄럽게 여겨질 정도로 너무 오래 걸리는 사람이 수두룩하다는 것을 알 수 있습니다. 본인 스스로는 10분 만에 썼던 것 같은데, 타이머는 '20분 걸렸음'을 가차없이 알려줍니다. 이는 영문 이메일을 읽고 답신을 쓰는 작업의 생산성이 자신이 생각한 것보다 두세 배 가까이 낮다는 말입니다.

물론 이 시스템을 직원 평가에 사용해서는 안 됩니다. 그렇게 하면 걸린 시간을 제대로 보고하지 않습니다. 시간을 측정하는 일은 부서 전반의 생산성을 높이기 위함이지, 개개인의 스킬을 평가하기 위함이 아니기 때문입니다.

사원들에게 영어 실력을 개선하도록 지시하는 기업의 대부분이 토익 같은 영어 검증시험을 그 지표로 사용합니다. 그러나 토익 점수가 몇 점 오르면 영어로 하는 업무 생산성이 몇 퍼센트 향상되는 직접적인 효과가 있는 것은 아닙니다. 토익 점수가 오르면 이직하기는 유리할지 모르지만 그렇다고 업무가 빨라지는 것은 아닙니다.

한편 영문 이메일을 자주 주고받는다면 '그 이메일 처리에 걸리는 시간을 몇 퍼센트 줄였는가?'라는 업무의 생산성과 직접적인 연관이 있습니다. 기업에서 직원이 갖추어야 할 영어 실력은 이러한 업무의 생산성을 올리기 위한 영어 실력인 셈입니다.

그리고 이와 같은 생산성 개선에 즉시 효과가 나타나는 스킬업을 하기 때문에 '이번 달은 업무가 바쁘니 부하직원들을 지도할 여력이 없다.'가 아니라, '너무 바빠서 부하직원들을 끌어올려 팀의 업무 생산성을 높이자.'는 말이 나와야 합니다.

이렇게 작업에 드는 시간을 비교하면 같은 이메일을 3분 만에 쓰는 사람과 30분 걸려 쓰는 사람도 있다는 것을 알 수 있습니다. 이 경우 3분 만에 쓸 수 있는 사람의 스킬을 30분 걸리는 사람에게 전수하는 것만으로 부서 전반의 생산성은 한 번에 향상됩니다(이것도 공장의 작업 개선 등에서 자주 사용되는 방법입니다).

그렇다고 영어를 잘하는 직원에게 잘 못하는 직원의 영어를 가르치라고 지시해서는 안 됩니다. 대신, 어떤 사람이 3분 만에 쓴 영어 이메일을 모두 템플릿 이메일로 그룹웨어나 클라우드 폴더에 저장해서 누구든지 사용할 수 있도록 하는 것만으로도 다른 멤버의 영어 이메일 작성의 생산성은 대폭 높일 수 있습니다.

비즈니스 관련 영문 이메일은 사실 대부분 정형화되어 있다고 볼 수 있습니다. 원어민들조차도 처음부터 '업무용 서신(business letters)'을 만드는 사람은 없습니다. 편지는 영어든 모국어든 기본은 템플릿 작업이며 편지나 이메일을 빨리 쓰는 사람은 그 정형문을 머릿속에 저장하고 있다가 적재적소에 사용할 뿐입니다. 그런 업무에 매번 머리를 싸매고 고민한다는 것 자체가 시간 낭비(생산성이 낮은)입니다.

영문 이메일뿐만이 아닙니다. 자사의 실수로 고객을 화나게 했을 때의 사과문이나 선약했던 사람에게 자신의 편의상 일정 변경을 요청하는 이메일 등, 민감한 안건에 대해 적절한 이메일을 작성하는 일은 모국어로도 쉽지 않습니다.

익숙한 사람에게는 간단한 일상 중 하나이지만 일부 직원이나 신입사원은 이러한 일에 상상도 못할 정도로 오랜 시간을 소비합니다. '기껏해야 15분 정도 걸리겠지….' 하고 생각했던 이메일을 야근까지 해가면서 1시간 반에 걸쳐 쓰는 일도 허다합니다.

전화로 말하는 방법이나 이메일 작성 방법과 같은 기술적인 훈련을 '그런 것은 보조사원을 위한 경험이다.'라고 경시하는 경향이 강한 조직에서는 이처럼 생산성이 낮은 일이 언제까지나 방치되고 있습니다.

하나하나 문제점을 찾아내서 개선하면 조직 전반의 스킬 수준과 생산성이 확실히 향상됩니다. 같은 작업을 10분만에 할 수 있는 사람과 30분 이상 걸리는 사람을 부서에 함께 두지 않는 일, 바로 이것이 조직의 생산성을 높이기 위해 관리자가 해야 할 의무이며 그 첫걸음이 타이머를 사용해서 개개인의 작업시간을 수치상으로 파악하는 일입니다.

부가가치 없는 일 걸러내기

팀 내의 업무가 너무 많을 때 안이하게 아르바이트나 파견사원을 고용해서 외부 직원에게 맡기는 일만큼은 절대로 피해야 합니다.

이것은 투입 노동력을 늘린다는 의미에서는 야근을 해서 일을 마치는 것과 같습니다. 직원의 야근시간이 제한되어 있기 때문에 혹은 직원이 야근을 하면 인건비가 비싸기 때문에 직원 이외의 시간을 투입하는 것뿐입니다.

더구나 외부 직원에 부가가치가 낮은 일을 맡겨버리면 그 업무 방식을 개선하자(생산성을 높이자)는 동기가 조직에서 사라지게 됩니다. 그리고 점점 누구도 그것이 원래 어느 정도의 시간을 들여야 할 일인지 생각하지 않게 됩니다.

정직원의 인건비로는 할 가치가 없지만 파견직원의 시급 정도라면 계속해도 좋은 일에 고부가가치 업무는 애초부터 없습니다. 그렇다면 우선 '이 일을 없앨 수는 없을까?'라고 고민해봐야 합니다. 그런 다음 '좀 더 효율적인 방법은 없을까? 자동화할 순 없을까?'라고 자문해보아야 합니다.

아주 잠깐 동안 매우 바쁜 시기에 외부 직원의 힘을 빌리는 것은 문제가 되지 않습니다. 하지만 항상 바쁜 부서에 필요한 것은 파견직원을 고용하는 것이 아니라, 일 자체를 근본적으로 재검토하는 일입니다.

그래도 계속 바쁘다면 회사 차원에서 정직원을 늘려야 합니다. 정직원의 급여를 투자했을 때는 매력적인 가치가 없고, 파견직 시급 수준을 투자했을 때 가치가 조금 있는 수준의 일이라면, 앞으로 그 일을 계속해야 하는지 재고해봐야 합니다. 부가가치가 뛰어나지 않은 일을 조직 전체가 끌어안고 있다는 사실만으로도 생산성이 떨어지는 일이기 때문입니다.

사무자동화에 대한 투자도 마찬가집니다. 우선 업무 자체의 필요성 판단이나 과정 전체를 재검토할 필요가 있습니다. (SAP와 같은) 비즈니스 솔루션을 도입할 때 기존의 비생산적 요소를 재검토하지 않은 상태에서 업무 과정을 그대로 자동화하면, 더 큰 비효율을 일으키기도 합니다. 실제로 업무 과정만 자동화되었다 뿐이지 문제의 근원이 제거되지 않을뿐더러, 이후에는 수면 아래 감춰짐으로써 문제를 수정하기도 어려워집니다.

'생산성 향상'이라고 하면 바로 '사무자동화'가 언급되지만, 어떤 일이든 '근본적으로 얼마나 가치를 만드는 일인가?'라는 점을 우선 검토한 후에 자동화해야 합니다. 그렇지 않고 '일단 사무자동화'를 추진해도 파견직원이나 신입직원에게 일을 전가하는 것과 마찬가지로 일을 블랙박스화해서는 언제까지나 근본적인 문제는 해결되지 않습니다.

파견직원을 고용하거나 사무자동화 투자를 하기 전에 반드시 몇 가지 규칙을 정해야 합니다.

- 정말 남겨둘 가치가 있는 일인가? 그만둘 수는 없는가?
- 업무 방식을 근본적으로 바꿀 순 없는가?

• 아웃소싱이나 사무자동화 투자로 생산성은 얼마나 오를까? 투자할 가치가
  있는가?

이처럼 몇 가지 규칙을 정하는 것만으로도 불필요한 업무를
줄일 수 있습니다.

'루틴한 일'부터 재검토하라

조직의 생산성 향상에는 불필요한 일을 정기적으로 재정비하는
것이 특히 효과적입니다. '업무 분담'을 도입하는 것이죠. 10시간
걸릴 일을 절반의 시간에 끝내기 위해서는 투자나 스킬업이 필
요한데, 불필요한 일을 그만두면 비용도 들지 않고 즉시 효과가
나타납니다. 나아가 장기적으로도 생산성 향상에 큰 효과가 있
습니다.

어느 직장이든 필요에 따라 새로운 업무가 하나둘 생겨나는가
하면, 과거에는 가치가 있었지만 지금은 가치가 조금 떨어지는
일이 있어도 그만둘 계기가 좀처럼 마련되지 않습니다.

그런 일이 기약 없이 남아 있는 데는 구조적인 이유가 있습니
다. 한 가지는 그러한 부가가치가 낮은 일의 대부분이 경험이 별
로 없는 신입사원에게 가기 때문입니다. 신입사원은 그것에 들

이는 시간과 그 일이 창출하는 가치를 비교하지 못하는가 하면, 그 판단을 할 수 있는 관리자는 누군가가 그런 일에 많은 시간을 들이는 것 자체를 잊기가 쉽기 때문입니다.

또한 '전에는 큰 가치가 있는 일이었으나 지금은 가치가 없다.'라고 판단하면 그만두기 쉽지만, 대부분의 경우 전에는 가치 있는 일이었으나 지금은 가치가 상당히 떨어졌어도 아예 없는 것은 아니기 때문입니다. 즉 '하지 않는 것보다는 하는 편이 조금은 가치가 있다.'는 수준의 업무입니다.

이와 같은 일을 그만두기 위해서는 소요 시간과 그 일에서 얻을 수 있는 가치를 비교해야 합니다. 즉 생산성 차원에서 판단해야 하기 때문에 다른 일과 비교하지 않으면 그만둘 수가 없습니다.

가치가 제로는 아니지만 확실히 들인 시간과 돈에 걸맞지 않는 일이 하나하나 쌓이면, 작지만 조직 내 10퍼센트에서 20퍼센트까지의 업무량에 달할 수도 있습니다. 전 직원이 야근을 하는 부서에서 제로보다는 조금 나은 수준의 일을 계속하는 것은 분명 비합리적입니다.

1년에 한 번 업무정산 시기에 부서 내의 업무를 재확인하고 불필요한 업무를 폐지하는 것을 습관화하면 또 다른 효과도 기대할 수 있습니다.

다른 한 가지는 부서 내 업무 재정비를 통해 각 구성원이 어떤 일을 얼마만큼의 시간을 들이고 있는지 파악할 수 있습니다. 상사가 1시간 정도면 끝낼 것이라고 생각한 일에 부하직원은 3시간을 들이는 일도 흔하며, 이를 바로잡을 기회를 갖는다는 차원에서도 유용합니다.

또한 부하직원에게도 '대체 이런 일에 무슨 의미가 있을까?'라고 의아해하는 일을 '그 일은 그만둘 수 없다. 왜냐하면 이러이러한 가치가 있기 때문이다.'라고 설명할 수 있는 소중한 기회가 될 수 있습니다.

성가신 일이라고 해도 그 일에 큰 의미가 있다는 사실을 안다면 지금까지 하던 것 이상으로 의욕을 가지고 임할 수도 있습니다. 또한 자신의 일이 나중에 업무 공정에서 어떻게 활용될지 이해할 수 있으면 더욱 사용하기 쉬운 업무 방식을 고안해내려고 하는 등, 독립적으로 생산성 향상에 기여할 수 있습니다.

관리직은 전 직원의 일을 이해해도, 직원들끼리는 서로의 일을 이해하지 못하는 경우가 흔히 있습니다. 그럴 때도 모두 업무의 범위와 의의를 한번 같이 확인해둔다면 서로 휴가를 내기도 용이하고, 다른 사람의 관점으로 생각할 수 있기에 자신이 미처 생각하지 못했던 생산성 향상의 방법을 찾을 수 있습니다.

다른 부서에서 의뢰받아 정기적으로 업데이트하던 자료 중에도 언제부터인가 상대 부서에서 그다지 필요하지 않게 된 자료도 있습니다. 혹은 작성하는 데 얼마만큼의 시간이 드는지 알려주면 '시간이 그렇게 걸린다면 다른 방법으로 대체하자.'고 결정할 수도 있습니다.

1년에 한 번 업무를 재정비해서 부서 간의 벽을 넘어 업무의 범주에 대해 대화를 나누는 기회를 갖는다면 조직 내 벽도 허물 수 있고 유대관계도 좋아집니다. 이처럼 정기적으로 '무의미한 일, 그만두어도 되는 일은 없을까?'라고 생각해보는 것은 대단히 바람직합니다.

이때 갑자기 '어떤 일을 그만둘까?' 하고 서두를 꺼내면 자신이 담당하고 있는 모든 일에 가치가 있다고 주장하는 사람이 나타나기 때문에 주의가 필요합니다. 이러한 사람은 자신이 할 일이 없어져서 자신이 불필요하게 되는 것을 두려워하게 됩니다.

그렇기 때문에 업무 재정비는 한 번 열리는 특별행사가 아니라 매년 정기적으로 개최해야 합니다. 그렇게 함으로써 '지금까지 해온 일을 그만두는 것은 특별한 일이 아니다. 해야 할 일은 점점 바뀌는 법이다.'라는 의식이 정착될 수 있습니다.

이것을 지속하다 보면 정기적인 업무 재정비 회의가 아닌 때에도 '이 일은 이제 그만두어도 될 것 같다.'라고 제안하는 직원이 생기기도 합니다. 이러한 상태야말로 '가성비가 좋지 않은 일은 그만두어야 한다.'는 생산성 의식이 부서 내 구석구석까지 퍼져나갔다는 증거입니다.

인터넷 미디어 운영이나 모바일 분야의 광고업을 운영하는 일본의 사이버에이전트(Cyberagent) 사는 2015년 후지타 스스무(藤田晋) 사장의 지시 아래 '버리는 회의'를 개최함으로써 사내 관행을 32건이나 폐지했다고 합니다. 그 가운데는 '다면평가제'(폐지 이유: 납득은 할 수 있지만 잘 활용하고 있다고 볼 수 없다고 판단)라든지 신입사원 합숙 연수(폐지 이유: 신입사원의 만족도는 높지만 그에 상응하는 연수 결과를 얻지 못하고 사원의 부담이 크다는 판단) 등 인사나 연수에 관한 제도도 포함되어 있습니다.

이렇게 경영자 스스로가 회의를 주최하면 결정도 원활하고 더 큰 그룹 차원에서의 업무의 취사선택도 가능하게 됩니다. 또한 비용에 비해 효과가 낮은 (생산성이 낮은) 제도를 폐지함으로써 새로운 제도를 도입할 여력도 생겨납니다. 많은 기업에서 반드시 도입해야 할 회의 방식이라고 생각됩니다.

'휴직'은 생산성 향상의 기회다

요즘에는 출산이나 육아와 관련해 직원의 업무 방식을 배려하는 기업이 늘어나고 있는 한편, 그에 따른 새로운 문제도 발생하고 있습니다. 그것은 휴가를 내거나 근무시간을 줄인 직원의 일을 누가 떠맡을 것인가 하는 문제입니다.

장기 휴가를 내는 직원이 늘면 늘수록 휴가를 내지 않는 직원의 부담은 늘어 불평등하다는 생각이 들기 때문입니다. 결과적으로 조직 내에 불협화음이 생기거나 쉬는 사람도 마음이 불편해서 워킹맘이나 워킹대디들이 둘째아이 갖기를 주저하는 원인이 되기도 합니다.

그러나 사실은 이럴 때야말로 생산성 향상에 눈을 돌릴 수 있는 좋은 기회입니다. 5명으로 구성된 부서에서 한 사람이 반년간 휴가를 낼 경우 나머지 4명이 생산성을 25퍼센트 향상시킬 수 있으면 사람 수가 줄어도 부서 전체로 볼 때는 지금과 다름없는 성과를 올릴 수 있습니다.

누군가 휴가를 냈을 때 그 사람의 일을 그대로 다른 누군가에게 적당히 나누는 관행이야말로 바람직하지 못합니다. 이는 '나머지 네 사람에게 25퍼센트 더 오래 일을 시켜서 문제를 해결하자.'는 방식이지만 나머지 네 사람은 불만이 생길 수밖에 없습니다. 일에 대한 의욕이나 조직에 공헌하고자 하는 마음에 좋지 않은 영향을 미칠 수 있기 때문입니다.

고작 몇 달 동안이라고는 하지만 한 사람이 빠진다는 것은 다른 사람들에게는 큰 부담이 됩니다. 그렇기 때문에 이를 계기로 삼아 생산성을 대폭 높일 수 있는 '업무의 재정비' 시스템을 도입해야 합니다.

이때 휴가를 내는 사람뿐 아니라, 팀의 다른 멤버의 일도 포함해서 부서 전반의 업무 속에서 가성비가 낮은 일을 찾아냄으로써 그것을 그만둘지의 여부를 검토해야 합니다.

5명이 각자 일의 10퍼센트를 그만둘 수 있으면 합계 0.5인분의 일이 줄기 때문에 한 사람이 휴가를 내도 나머지 0.5인분의 일을 모두가 어떻게 지원할지 연구하면 됩니다.

없앨 수 없는 일도 지금 걸리는 시간의 절반으로 할 수 있는 방법은 없는지 연구해보아야 합니다. 자동화화거나 전문가를 모으고, 잘하는 사람이 익숙치 못한 사람에게 노하우를 전수하는 등, 방법은 여러 가지가 있습니다.

덧붙여 재택으로 하는 업무도 정리해서 휴가를 내는 사람이 담당할 수 없는지 검토해야 합니다. 장기 휴직자 중에는 복귀할 때 일을 따라가지 못할 것을 불안하게 생각하는 사람도 많습니다. 그러므로 뭔가 집에서 할 수 있는 일이 있으면 휴가 중에도 회사와 연결할 수 있습니다(물론 보수 체계에 대해 회사 측에서 검토해야 합니다).

이러한 새로운 업무 방식은 인사부의 업무이지 자신의 일은 아니라고 생각하는 현장 관리직도 있습니다. 하지만 '누군가 윗 사람이 완벽하게 새로운 제도를 제시해주면 나는 거기에 따른다.'는 태도로는 좋은 리더로서 지속할 수 없습니다. 이번 강 맨 처음에 팀의 생산성을 높이는 일이 리더의 할 일이라고 한 것은 이런 의미에서입니다.

남성의 육아휴직도 좋은 예입니다. 재택근무를 포함해서 새로운 업무 방식에 대해 인사부가 아무리 새로운 근무 방식을 추진해도 각 부서의 현실이 여의치 않으면 전혀 성취도가 오르지 않습니다. 일선 부서에서 '이런 근무 방식을 인정해주면 조직의 생산성이 향상할 수 있을 것이다.'라고 제안하는 것이 더 효율적이기도 합니다. 제안을 받은 인사부서는 이를 선도적인 사례로 지원하고, 이를 수정 보완하며 회사 차원에 점진적으로 자리 잡을 수 있도록 도와야 합니다.

이처럼 앞으로 '누군가가 휴가를 내면 그만큼 팀 전체의 향상성을 높인다.'는 것을 기본원칙으로 모두가 인식해야 합니다. 그것이 육아나 병간호 등을 위해 장기 휴가를 내는 직원이 점점 늘어가는 앞으로의 시대를 극복할 중요한 토대라고 할 수 있습니다.

나아지는 경험을 공유하라

부서 내에서 서로의 일에 대해 '좀 더 생산성이 높은 방법은 없

을까?' 하고 대화를 나눠보는 일은 매우 유익하지만 그다지 보편
화되어 있지는 않습니다.

많은 사무직 종사자들이 자기 방식대로 일을 하고, 같은 부서
의 직원에게조차 업무 방식을 알려주는 것을 부끄러워합니다.
혹은 업무 방식이 비효율적이라고 지적받으면 평가에 영향을 미
칠까봐 우려하기도 합니다.

반면에 제조 현장에서는 모든 사람의 업무 방식이 공개되어
있습니다. 개개인 사이에 칸막이가 없고 때로는 자기 뒤에서 (허
락도 받지 않고) 누군가가 작업시간을 타이머로 재기도 합니다.

그리고 '이 업무는 순서를 이렇게 바꾸면 어떨까?' '부품 두는
곳을 이렇게 바꾸면 어떨까?' 하는 대화가 자주 이루어집니다.
이런 환경에서 세계적으로도 가장 생산성이 높은 제조 현장이
탄생하곤 합니다.

'상사도 아닌데 다른 동료의 업무 방식에 대해 참견하기가 꺼
려진다.'는 사람은 '상대방이 감사해할 수도 있지만 기분 나쁠지
도 모른다. 그렇게 되면 서로 서먹서먹해진다. 원래 나는 관리직
도 아니고 어드바이스를 하는 입장도 아니다.'라고 생각하기 때
문입니다. 하지만 그런 사고방식에는 생산성에 대한 개념과 리
더로서의 능력이 결여되어 있음을 여실히 보여주는 것입니다.

상당수의 글로벌 혁신 기업들에서는 의외로 남의 업무 방식에 대해 이러쿵저러쿵 (상사도 아닌데 분위기 파악을 못하고) 조언을 합니다.

- 그렇게 함으로써 팀 전체의 생산성을 높일 수 있다
- 비록 관리직이 아니라도 리더십을 가지고 팀에 공헌하는 것은 당연하기 때문이다. 또 어드바이스의 목적은 팀의 생산성을 높이기 위한 것이라고 모두가 이해하고 있고 어드바이스를 받은 상대도 싫어할 이유가 없다고 생각한다

이런 의식이 조직 내에 정착되면 생산성을 대폭 높일 수 있습니다. 그리고 리더의 일이란 그야말로 그러한 환경을 조성하는 데 있습니다.

'말'로써 확산하라

업무 방식에 대해 모두 함께 이야기를 나누는 기회를 만들면 '○○씨밖에 할 수 없는 일'로 규정해 매뉴얼화, 템플릿화하기도 합니다.

어떤 사람밖에 할 수 없는 일은 그 사람이 높은 평가를 받고 있다는 말도 되지만, 한편으로는 '자신의 일을 전달 가능한 형태

로 만들어 다른 사람도 할 수 있게 함으로써 조직의 생산성을 높이는 데 공헌할 수 없는 사람'이라고도 할 수 있습니다. 나아가 조직 입장에서는 그 사람이 갑자기 아프거나, 퇴사 혹은 휴가를 갔을 때 큰 리스크를 안게 됩니다.

진정한 의미에서 일을 잘하는 사람은 적은 투자로 큰 성과를 낼 수 있는 생산성 높은 업무 방식을 연구하고, 다른 사람도 그 일을 할 수 있도록 언어화해서 전수할 수 있는 사람입니다. 그리고 자기 자신은 계속해서 새로운 일에 도전하는 사람을 말합니다.

나밖에 할 수 없는 일에 집착한 나머지, 너무 바빠서 다른 새로운 일에 도전할 여유도 없이 몇 년째 같은 방식으로 같은 일을 계속하는 사람을 과연 '능력 있는 사람'이라고 할 수 있을까요?

일과 기술을 한 사람의 제자에게만 전수하는 장인의 세계와는 달리, 그렇게 혼자만 알고 있는 것은 조직의 생산성보다 자기 자신을 보호하고 직장에서 자신의 편안함을 우선시하는 이기적인 업무 방식이며 결코 높은 평가를 받을 수 없습니다.

그렇다고 정작 나밖에 할 수 없는 일을 남에게 확산하려고 해도 '내가 잘하는 업무의 매뉴얼화'를 혼자서 하기는 쉽지 않습니다. 원래 어떤 일을 남보다 잘하게 되는 경우는 자신도 모르는 사이에 이루어지기 때문입니다.

하지만 회의에서 어떻게 하고 있는지, 무엇이 포인트인지, 무엇에 주의해야 하는지 입으로 설명하고 질문하고 대답하다 보면 자신이 하고 있는 일을 언어로 쉽게 표현할 수 있게 됩니다.

흔히 '스스로 잘 이해해야 남에게도 가르칠 수 있다.'고 하는데 그 반대도 마찬가지입니다. 남에게 가르치려고 하면 지금까지 몸으로만 이해할 수 있었던 것을 머리로도 이해할 수 있습니다. 말로 설명하는 것은 설명하고 있는 사람의 사고를 정리하는데 크게 도움이 되기 때문입니다.

일반적인 사원들은 '잘하는 일이 하나, 못하는 일이 하나'라고 말하듯이 잘하는 분야와 못하는 분야의 스킬 차이가 생각보다 큽니다. 각각의 사람이 자신이 잘하는 분야의 노하우를 다른 멤버와 공유하면 모든 사람이 조직 전반의 생산성 향상에 공헌할 수 있습니다.

만약 사원들이 '지금은 자신밖에 할 수 없는 이 일을 다른 사람이 할 수 있게 되면 자신의 존재 의미가 낮아진다.'는 생각을 한다면 탄탄한 조직 만들기는 어떤 의미에선 실패한 것입니다.

자신의 노하우가 전체에 공유되고, 그 과정에서 팀에 공헌하고 싶다는 마음이 전체에 확산되어야 합니다. 이러한 마음이 들게 하는 것 자체가 실은 리더로서의 실력을 보여주는 대목입니다.

사람들은 누구나 오랫동안 같은 업무를 계속하다 보면, 몸과 생각이 굳게 마련입니다. 기계적인 방식의 업무를 지속하게 됩니다. 이 경우, 눈앞에 일만 집중하게 되기 때문에 집중력은 높아질지언정 새로운 생각을 만들어내기란 어렵습니다.

불필요한 생각을 하지 않고 집중하는 것은 대체적으로 필요하지만, 그러한 일이 노동시간의 대부분을 차지하게 되면 생산성은 전혀 향상되지 않고 성장도 기대할 수 없습니다. 그러므로 의도를 갖고 시간을 투자해 생산성이 더 높은 방법을 찾아 고민해야 합니다.

일반적으로 사무직에 종사하는 사람은 '내가 하는 일은 나밖에 모른다.'라고 과신함으로써 불필요한 자부심을 갖기 쉽습니다. 모두 같이 대화해보면 그 일을 전혀 모르는 다른 부서 직원이나 훨씬 젊은 신입사원이 한 질문을 계기로 훌륭한 아이디어가 나올 수도 있습니다. 창조적인 일을 하는 조직이 인재의 다양성을 확보하려고 늘 노력하는 이유도 바로 이 때문입니다.

30%의 개혁과 3%의 개선

마지막으로 팀의 생산성 향상을 위해 리더가 지향해야 할 목표에 대해 이야기해보겠습니다. 리더는 항상 30퍼센트와 3퍼센트라는 두 개의 생산성 향상을 목표로 해야 합니다.

제1강에서 생산성을 향상하는 방법에는 개선과 혁신이라는 두 가지가 있다고 했습니다. 3퍼센트의 생산성 향상은 개선으로 달성해야 할 목표이고 30퍼센트는 혁신으로 달성해야 할 목표입니다.

가령 제조 현장에서는 3퍼센트의 개선을 위해 생산라인의 작업 수순을 재검토하고 30퍼센트의 생산성 향상을 위해서는 설계 자체를 변경하기도 합니다. 부품에 대해서도 3퍼센트 정도는 원자재 거래처를 바꿔서 실현할 수도 있겠지만, 30퍼센트는 전혀 새로운 소재를 개발해서 사용하는 등의 개혁이 필요한 것입니다. 기획이나 사무직에서도 마찬가지의 노력이 필요합니다.

이처럼 30퍼센트와 3퍼센트 두 가지 목표를 세움으로써 단순한 일상의 공정 개선 활동뿐 아니라, 근본적으로 업무 형태를 바꾸는 새로운 혁신을 목표로 하는 것이 현장 관리자의 의무일지도 모릅니다.

| **30% 생산성 향상 프로젝트** |

- 인공지능이나 빅데이터, IT와 같은 최신 기술 도입
- 아날로그에서 디지털로 혹은 하드웨어에서 소프트웨어로 주 사업을 과감하게 변경
- 기능의 간소화나 요금 변경 등 비즈니스 모델이나 사업 과정의 재검토

현장 직원이 혼자서도 실현할 수 있는 3퍼센트의 개선과는 달리, 생산성을 30퍼센트 수준으로 개선하는 데는 리더의 강한 의지와 리더로서의 역할이 필요합니다. 아울러 1년 이상의 장기적인 관점이나 계획, 리스크에 대처하는 방법도 필요합니다.

일반적으로 현장의 관리자들은 이러한 일들이 경영진의 역할일 뿐, 자신의 일이 아니라고 여깁니다. 스스로 자신의 역할을 틀로 가두고 넘어서지 않으려 합니다. 그렇기 때문에 관리자에게 '3퍼센트의 개선과 30퍼센트의 혁신'이라는 구체적인 목표를 부여해야 하는 것입니다.

이번 강의 서두에서 리더의 사명은 '팀 생산성 향상을 위해 리더십을 발휘하는 일'이라고 강조했습니다. 눈앞의 일을 실수 없이 하는 것뿐 아니라, 미래를 예상하고 지금 무엇을 해야 할지 잘 생각하고 판단까지 하게 해야 합니다. 이를 위해서라도 리더의 목표는 (실적을 올리는 일과 부하직원을 육성하는 일이라는 말 대신) '3퍼센트의 개선과 30퍼센트의 혁신을 통해 생산성을 향상시키자!'라고 구체적으로 제시하는 것이 도움이 됩니다.

7강

'판단'을
연습하게 하는 힘

혁신 기업의
생산성 교육 프로그램

—— 기업 교육의 생산성이 떨어지는 이유는 추상적이고 일반적이어서 일상의 업무에 필요한 실질적인 노하우를 습득하기 어렵기 때문입니다. 반면에, 생산성 중심의 미국 혁신 기업들은 교육의 즉효성을 매우 중시합니다. 이를 위해 자주 활용하는 방법이 '롤플레잉 교육'입니다. 롤플레잉 교육은 정답이 없는 환경에서 구성원 스스로 '판단'을 내릴 수 있도록 돕는 교육입니다. 현장에서 받는 OJT 교육과 달리 리스크 없이 역량을 키우는 교육으로 생산성 향상에 큰 도움을 얻을 수 있습니다.

문제는 공부가 아니라 실무다

기업은 직원들을 위해 다양한 교육을 실시합니다. 하지만 그러한 교육이 매우 생산적이라고 평가하는 직원은 얼마나 될까요?

수십 명 혹은 수백 명이 한자리에 모이는 그룹 교육을 개최하는 데에는 막대한 비용이 들기도 합니다. 100명이 2시간짜리 교육에 참가하면 총 200시간분의 인건비가 투입되는 셈인데 과연 그 교육은 그 이상의 효과가 있을까요?

기업의 교육은 업무의 생산성을 높이기 위한 투자입니다. 교육을 받음으로써 참가자의 생산성이 얼마나 향상되었는지 또 얼마나 향상될 것인지 교육하는 자체의 생산성 문제를 항상 의식해야 합니다. 하지만 개중에는 '공부는 되었지만 업무의 생산성에는 별로 영향을 미치지 않았다.'는 식의 이도저도 아니라는 볼 멘소리가 들리곤 합니다.

이처럼 교육이 생산성 향상에 직결되지 않는 최대 원인은 교육에서 가르칠 수 있는 것이 추상적이고 일반적이어서 일상의 업무에 필요한 실질적인 노하우를 습득하기 어렵기 때문입니다. 정년을 전제로 하는 조직에서는 수십 년 단위로 사원의 성장을 지원하고 있기 때문에 교육 성과 역시 장기적으로 도움이 되면 좋겠다고 생각할지도 모릅니다.

한편 직원의 재직 기간이 짧은 외국계 기업에서는 교육에 참가한 직후부터 업무의 생산성을 끌어올려야 한다는, 이른바 즉효성이 요구되기도 합니다. 그렇기 때문에 일본 기업의 교육과는 방식이 매우 다릅니다. 구체적으로는 강의 형식의 교육이 드물고 롤플레잉 형식의 교육이 눈에 띄게 많습니다.

'롤플레잉(Role-Playing) 교육'이란 참가자가 역할을 분담해서 실제 업무 현장을 재현하면서 배우는 '역할을 연기하는 형식'의 훈련입니다(이 형식의 트레이닝에 대해 전혀 상상이 가지 않는 사람은 이 강 끝부분의 참고 자료를 먼저 읽어보기 바랍니다).

저는 컨설턴트로 5년, 인사 관리자로 12년, 총 17년간 맥킨지에서 근무했습니다. 지난번 책에서도 언급한 바 있지만 컨설턴트에서 인사담당으로 옮긴 이유는 맥킨지의 '사람을 기르는 원리'에 관심이 많았기 때문입니다.

재직 중에 제 자신도 수많은 교육을 받았는데, 그중에서 가장 인상에 남은 것은 매니저 승진 반년 전에 받은 이른바 '승진 준비 교육'이었습니다.

'결단'을 연습하게 한다

이것은 컴퓨터 RPG(Role Playing Game) 프로그램을 이용해서 매니저로서 필요한 스킬을 배우는 교육이었습니다.

여러 나라에서 모인 5명이 한 조를 이루어 한 대의 컴퓨터를 둘러싸고 프로젝트 매니지먼트 게임에 도전합니다. 게임 중에는 가상 고객으로부터 가상의 경영 과제가 주어지고 참가자는 매니저로서 가상 팀을 이끌면서 프로젝트를 진행합니다.

교육 참가자들은 게임 속 여러 상황에서 판단을 내려야만 합니다. 그리고 그 판단에 따라 고객으로부터 평가는 물론 자신의 수면시간, 부하직원이나 가족의 만족도 등 다양한 지표가 바뀝니다.

가령 고객의 모든 요구에 'Yes'라고 대답하면 고객으로부터의 평가는 올라가지만, 부하직원의 스트레스 지표가 올라가고 자신의 귀가시간도 늦어져서 가족의 불만이 폭발합니다.

일을 너무 많이 하면 자신의 수면시간이 줄고, 일정선 이하의 수면시간이 되면 '과로로 쓰러져서 3일 결근'이라는 메시지가 화면에 나타나 팀원을 모두 당황하게 만들기도 합니다.

가상 팀의 매니지먼트도 그리 간단하지 않습니다. 마케팅 분야의 일을 잘하고 실적도 있는 젊은 부하직원이 이번에는 잘 못하는 재무 분야에 도전하고 싶다고 말하기도 합니다. 과연 매니저로서 어느 쪽 일을 줄 것인지 묻는 경우도 있었습니다.

요청을 거절하고 마케팅 일을 주면 일은 순조롭게 진행되지만 부하직원의 불만이 쌓이고, 그대로 방치하다 보면 갑자기 '회사를 그만두고 싶다.'고 해서 뒷수습에 시간을 빼앗기는 경우도 있습니다.

그렇다면 원하는 대로 재무 일을 맡기면 되지 않을까 생각하지만, 업무 마감 직전에 분석 자료에 큰 실수가 있는 것을 발견하고 마찬가지로 뒷수습에 막대한 시간을 빼앗기는 식입니다.

그밖에도, 고객의 요구에 따라 상사인 자사 임원의 스케줄을 확보해두었는데 그 직전에 갑자기 다른 약속이 잡혔다고 취소해서 곤란할 때도 있었습니다. 다만 사전에 (잠자는 시간을 아껴서라도) 임원에게 이번 약속의 중요성을 인지시켰더라면 그렇게 취소하지는 않았을 것이라는 식의 매우 구체적으로 잘 만들어진 프로그램이었습니다.

참가자가 이 RPG 교육에서 배워야 할 가장 중요한 점은 '매니저의 일은 트레이드 오프[trade off：두 개의 정책 목표 중 하나를 달성하려고 하면 다른 목표의 달성이 늦어지거나 희생될 때의 양자 관계 _역자]가 존재하는 상황에서 판단을 내리는 것'을 이해하는 것입니다.

게임 속에 나타나는 선택지엔 정답도 오답도 없습니다. '어느 한 쪽이 정답이건 아니건, 어느 쪽도 완벽하지 않다.'는 선택지가 여러 개 나타나고 그 가운데 어느 것을 선택할 것인가 하는 의사결정의 연습을 위한 것이기 때문입니다.

이는 실제 업무에서도 마찬가지입니다. 교육 참가자는 이 프로그램을 통해 매니저의 역할이란 이렇다는 것을 학습합니다.

- **정답도 오답도 될 수 있는 여러 선택지에서 한 가지를 고르는 일**
- **고른 선택지에 동반하는 문제를 미리 상정하고 대비해두는 일**

더 단적으로 말하면 매니저의 일은 다음과 같습니다.

- **결단하는 일**
- **리스크에 대비하는 일**

이런 것을 미리 배워놓지 않으면 매니저가 된 후, 뭔가 결단해야 할 타이밍에 여러 가지 선택지의 장단점을 앞에 두고 언제까지나 분석만 하고 있는 리더가 되고 맙니다.

왜 결단을 내리지 못하는가 하면 어딘가에 완벽한 선택지가 있을 것이라고 오해하고 계속해서 그것을 찾으려고 하기 때문입니다. 이 교육에 참가하는, 이제 곧 매니저가 될 컨설턴트들은 게임 속에서 계속 이것을 질문받고 '완전한 정답은 존재하지 않는다. 리스크를 감수하고 결단하는 것이 매니저의 일이다.'라는 사실을 배워나갑니다.

각각의 판단 포인트에는 스스로 결론 내리는 것을 피해 '상사와 의논한다.'는 선택지도 있지만 이것을 선택하다 보면 RPG 교육에서는 대부분 타이밍을 놓치거나, 결단이 지체되어 문제가 악화되는 상황에 빠지기도 합니다.

어려운 상황에서도 피하지 않고 의사결정을 할 수 있도록 훈련하기 위함입니다. 이처럼 글로벌 혁신 기업들은 의사결정을 하거나 판단하는 그룹 교육을 통해 롤플레잉 형식으로 연습시킵니다.

관점을 학습하는 것

이러한 방식의 연수는 각각 판단 포인트에서 어느 선택지를 택

할지 여러 나라에서 모인 참가자끼리 서로 이야기를 나눌 수 있는 소중한 기회도 됩니다.

게임 중(교육 중) 멤버끼리 이야기를 나누다 보면 '가정을 희생하면서까지 고객의 막무가내 요구에 응해서는 안 된다.'는 의견과 '가족에게는 크리스마스 때 오랜 휴가를 받아 보상해주면 된다. 지금은 매니저로서 역할을 다해야 할 시점이다.' 등 전혀 다른 의견이 나오기도 합니다.

마케팅에 재능이 있는데 재무 분야를 담당하고 싶어 하는 부하직원에게 어떤 일을 맡길 것인지에 대해서도 '당연히 마케팅 일을 주어야 한다. 재무를 맡기다니 리스크가 너무 크다. 개인의 성장보다 고객의 이익이 당연히 우선이다.'는 의견이 있는가 하면 '그런 일을 해서 멤버가 의욕을 잃게 되면 그야말로 고객에게 득이 되지 않는다. 부하직원이 새로운 일에 도전할 수 있도록 지원하는 일이야말로 매니저의 역할이 아닐까?'라는 식으로 하나같이 당연한 의견들을 내놓습니다.

이렇기 때문에 교육 멤버는 판단 시점에 직면할 때마다 '어느 쪽 판단이 맞는 것일까?' '이런 상황에서 어떤 생각에 기초를 둔 판단을 내려야 할까?'라며 대화를 나눕니다.

이러한 토론을 통해 자신에게는 없는 또 다른 관점의 판단 기준을 얻을 수 있습니다. 더욱이 문화적인 배경이 다른 글로벌 팀에서 일할 때, 어떤 사람에게는 너무나 당연한 선택이라서 설명이 필요 없지만, 다른 멤버에게는 말로 설명하지 않으면 오해를 일으켜 팀 내 불신감이 커질 수도 있다는 사실을 이해할 수 있게 됩니다.

문화의 이해라든지 다양한 가치관의 이해를 위해 강사가 말하는 '○○나라 사람들은 이런 행동을 이런 의미라고 생각하기 때문에 주의하자.'와 같은 강의를 듣는 교육은 다른 나라의 습관을 배우는 단순한 '공부'로 끝나기 쉽습니다.

하지만 이렇게 실제 업무 현장을 재현하고 일상에서 만날 수 있는 전형적인 판단에 대해 이야기를 나누는 롤플레잉 형식의 교육을 하면 각국의 문화적 배경이나 가치관이 어떻게 현실의 비즈니스 판단에 반영되는지 실질적으로 배울 수 있습니다.

이것이 해외 멤버와 팀을 이루는 일이 잦은 글로벌 기업에서 롤플레잉 방식의 교육이 많은 이유 중 하나입니다. 앞으로는 해외 기업과 합병 사업이 늘어나는 국내 기업에서도 이러한 교육의 가치는 매우 크지 않을까요?

여기에서는 '가정인가, 일인가?'라는 가치관에 대한 토론뿐 아니라, 지금 이 시점에서 고객과 술을 마시는 데 어떤 가치가 있는지 등에 대해서도 이야기를 나누어보겠습니다.

때로는 "혁신이 중요시되는 기업에서는 '고객과 술자리를 갖

는 것도 업무의 일환'이라고 생각하지 않지요?"라는 질문을 받을
때도 있지만 사실은 그렇지 않습니다.

달성해야 할 목표가 '상대방의 경계심을 풀고 우리 쪽에 호의
를 가지게 하는 일'이나 '불만이 쌓여 있는 것 같은데, 문제의 원
인을 알아낼 필요가 있는 일'이라면 술자리는 매우 생산성이 높
은 방법입니다.

매주 같은 고객과 술을 마시는 일이 생산성을 높인다고는 생
각할 수는 없지만, 몇 번이나 회의를 했는데도 좀처럼 본심을 드
러내지 않았던 거래처 사람이 단 4시간의 술자리 한 번으로 거
리를 좁힐 수 있다면 그것은 생산성이 매우 높은 문제해결 방법
이라고 할 수 있습니다.

이처럼 술자리의 효율성에 대해서조차, 어떤 경우에 고객과
술자리를 개최해야 하는지에 관한 것까지 롤플레잉을 통해 배워
나갈 수 있습니다.

롤플레잉 교육의 유용한 가치

매니저 승진 준비 교육에서는 컴퓨터상에서의 RPG를 사용하지
만, 일반적인 경우에는 참가자가 다양한 역할을 수행하면서 업
무 상황을 재현하는 일반적인 롤플레잉 교육을 합니다. 어떤 방

식이든 이런 방식으로 참가자가 배울 수 있는 가치는 매우 다양합니다.

구체적인 대화 연습을 할 수 있다

교육이란 업무에 필요한 지식을 익히거나 일에 대한 의식을 바꾸기 위한 것이며 '배운 지식을 사용하는 교육은 현장에서 실시해야 한다.'고 생각하는 기업이 많습니다.

하지만 교육의 즉각적인 효과를 요구하는 글로벌 기업에서는 지식을 얻을 뿐 아니라 행동(어떤 때 어떻게 행동해야 할지) 연습까지 교육을 통해 습득해야 한다고 생각합니다.

롤플레잉 형식의 교육에서 특히 효과적인 것이 커뮤니케이션 연습입니다. 커뮤니케이션이라는 것은 리스크 프리(Risk Free) 환경에서의 반복 연습의 효과가 가장 높은 분야입니다.

저 역시 과거에 원활한 회의나 프레젠테이션에 대해서는 물론, 더욱 일상적인 커뮤니케이션에 대해서도 실제 상황을 상정한 다양한 롤플레잉 교육을 통해 배웠습니다.

그 가운데는 '일을 그만두고 싶다고 말하는 부하직원과의 면담'이나 '큰 실수를 한 부하직원과의 면담', '5분밖에 시간이 없는 상사에게 전화로 업무보고를 할 때의 대화 방법', '노동조합 조합원에게 이번에 할 프로젝트의 의미를 설명하는, 즉 인원 삭감이 있을지 없을지에 대해 질문하고 응답하는 미팅' 등 실제로 이런 입장에 놓인다면 상당히 곤혹스러울 수 있는 상황을 아주 구체적으로 많이 설정해놓았습니다.

이 모든 것을 현장에서 일하면서 OJT로 배우라고 하면 시간도 걸리고 리스크도 큽니다. 또한 여러 가지 다른 방법을 시도해보면서 배우기는 불가능합니다. 하지만 교육 프로그램이라는 리스크 프리의 환경에서는 조금 리스크가 커 보이는 방법은 물론 다양한 대화법을 연습해볼 수 있습니다.

피드백을 받을 수 있다

또 한 가지는 피드백의 가치입니다. 실제로 해보는 롤플레잉 교육에서는 실제로 해본 그 상황에 대해 다른 역할을 했던 참가자로부터 그 자리에서 피드백을 받을 수 있습니다. 예를 들어 영업 화술을 연습한 직후에 고객의 역할을 연기한 동료에게 고객의 입장에서 어떻게 느꼈는지 물어볼 수 있습니다.

때로는 자신이 영업담당자 역할로서 자사 상품을 강하게 어필한 후, 고객 역할을 하던 여러 동료들로부터 "그렇게 약하게 말하면 상품의 매력이 전달되지 않아. 더 강하게 밀어붙여야 해."라는 의견과 "그런 식으로 말하면 위협받는 것처럼 들려. 좀 더 겸손하게!"라는 식의 서로 상반되는 피드백을 받기도 합니다.

이를 통해 참가자는 같은 말이라도 듣는 사람에 따라 완전히 반대의 반응을 일으킬 수 있다는 사실을 알 수 있고, 특정한 방식의 커뮤니케이션을 배움으로써 상대방의 기분을 살피면서 말하는 것이 중요하다는 점을 깨달을 수 있습니다.

한 사람의 강사가 여러 수강생을 상대로 강의를 하는 일반적인 집단 교육에서는 강의와 질의응답은 하지만 참가자 개개인에 대해 개별적이고 구체적인 조언을 주지는 않습니다.

그래서 일반적인 교육보다 구체적인 피드백을 직접 얻을 수 있는 롤플레잉 형식의 교육이 스킬업에 큰 도움이 된다고 할 수 있습니다.

상대방의 입장을 체험해볼 수 있다

상대방의 입장에 서볼 수 있다는 것도 이 훈련의 크나큰 장점입니다. 예를 들어 영업 미팅 상황을 롤플레잉하는 교육에서는 참가자는 각각 고객 쪽 사장 역할, 고객 쪽 실무담당자 역할, 자신의 상사(부장) 역할, 자신의 역할을 순서대로 맡습니다.

자신의 역할을 맡았을 때는 영업 화술을 연습하지만, 실은 다른 사람의 역할을 맡았을 때 가장 많은 것을 배울 수 있습니다.

젊은 컨설턴트가 상사의 역할을 해보면 자신의 언행이 상사로부터 어떻게 보이는지, 처음으로 이해할 수 있습니다. 반대쪽 의

자에 앉아서 고객 쪽 사장 역할을 해보면 상대방에게 항상 자신이 어떻게 비춰지는지도 강하게 인식할 수 있게 됩니다.

이렇게 상대방 입장에서 보면, 혹은 다른 사람이 보면 자신의 언행이 어떻게 보일까 하는 점을 의식함으로써 실제로 업무 중에서도 자신의 언행을 객관화할 수 있습니다.

팀 안에서 스킬을 공유할 수 있다

같은 부서의 다른 사람이 어떤 방식으로 일을 하고 있는지, 실제로 볼 기회는 의외로 드뭅니다. 그렇기 때문에 자신이 신인이었을 때 멘토로 지도해주던 몇몇 안 되는 상사나 선배의 업무 방식을 오랫동안 답습하거나, 어딘가에서 생각해낸 자신만의 방식을 계속 고수하는 사람이 무수히 많습니다.

하지만 롤플레잉 교육을 받으면 눈앞에서 동료가 그 모습을 재현해줍니다. 저렇게 하면 '이런 접근 방식을 생각해본 적이 없었지만 실제로 보니 나도 활용할 수 있을지도….' 하는 식으로 새로운 사실을 발견하기도 합니다.

더 나아가 그 방식을 생각해낸 장본인으로부터 이런 접근 방식을 시도한 이유나 어떤 경우에 특히 효과적인지, 어떨 때 사용해서는 안 되는지 등의 실제적인 조언을 얻을 수 있습니다.

그래서 롤플레잉 교육은 언제 어디서든 똑같은 스타일의 커뮤니케이션만 해오던 많은 사람들에게 전혀 색다른 커뮤니케이션 스타일을 경험할 수 있는 소중한 기회도 됩니다.

긴급상황 대처도 사전에 연습할 수 있다

단체 교육을 통해 뭔가 어려운 일이 벌어졌을 때 어떻게 움직여야 한다는 지식만 가르치고 실제 연습을 OJT에만 의존하게 되면 긴급상황에 대한 대처 방법을 연습할 기회가 전혀 없게 됩니다. 긴급상황은 (정의상) 그렇게 자주 일어나는 일이 아니기 때문입니다.

요즘 리스크 매니지먼트에 관한 중요성이 급속히 부각되고 있지만, 실제로 뭔가 큰일이 일어났을 때 어떻게 대처해야 할지 실질적으로 연습할 수 있는 것은 롤플레잉 교육뿐입니다. 화재나 지진에 대비한 소방 훈련이나 피난 훈련도 일종의 롤플레잉 교육인데, 업무상 긴급 사태에 대해서도 이런 훈련은 반드시 필요합니다.

특히 돌발적인 문제 상황은 업무의 생산성을 크게 떨어뜨리기 때문에 만일의 사태에 대비한 연습을 미리 해두는 일은 매우 중요합니다.

| 돌발적인 트러블이 일의 생산성을 크게 낮추는 이유 |

- 대응책이 갖추어져 있지 않기 때문에 관리직이나 베테랑 직원과 같은 경험이 많은 사람의 시간을 대량으로 허비한다
- 긴급 대처가 모든 업무에 우선하기 때문에 통상 근무에 큰 지장을 준다
- 같은 작업이라도 평소에 비해 불필요한 시간과 노력이 든다
- 조직 전체가 혼란에 빠지고 평소보다 더 시급하게 처리해야 하기 때문에 2차적 문제가 생기기 쉽다

긴급 상황에 대처하는 롤플레잉 교육을 준비하려면 부서 내에서 뭔가 문제가 발생할 때마다 일어난 일이나 원인, 어떻게 하면 그런 일을 막을 수 있을까, 또 대처할 때의 주의사항 등을 간단히 메모해둡니다. 그리고 그 실제로 일어난 문제의 사례를 사용해서 롤플레잉을 준비합니다.

큰 문제가 일어났는데 상사가 출장 중이라 연락이 안 될 경우, 한시라도 빨리 대처해야 합니다. 그런 사태가 벌어졌을 때 상사와 연락이 될 때까지 기다려야 할지, 스스로 뭔가 긴급 대처를 해야 할지, 이럴 때 구체적으로 무엇을 해야 할지 등 롤플레잉으로 말하는 연습까지 해두면 위기 대처 매뉴얼을 읽고 지식으로 인지하는 교육과는 전혀 차원이 다른 대비를 할 수 있습니다.

- **단순한 지식 습득이 아니라 말과 행동에 대해 연습할 수 있다**

- 많은 피드백을 얻을 수 있다
- 다른 사람의 관점에서 자신의 평소 모습을 되돌아볼 수 있다
- 다채로운 업무 수행 방식을 배울 수 있다
- 거의 일어나지 않는 사태에 대비할 수 있다

이처럼 롤플레잉 교육은 교육을 받은 그날부터 곧바로 일의 생산성을 올릴 수 있습니다.

한편 일반적인 단체 교육의 생산성이 반드시 높은 것은 아닙니다. '흥미로웠다.' '공부가 되었다.' '생각하게 만들었다.' 하지만 '그렇다고 해서 구체적인 업무의 생산성이 높아지는 것은 아니다.'라는 추상적인 소감이 많기 때문입니다.

이처럼 '지금 당장은 아니지만 언젠가는 도움이 될 것'이라는 식의 교육만 하고 있으면 '이번 주는 일이 바빠서 교육에 참가할 여유가 없다.'고 생각하는 사람이 생기기도 합니다. 극단적으로 말하면 '교육이라는 것은 한가한 사람이나 참가하는 것'이라는 엉뚱한 인식이 퍼지고 맙니다.

강사를 정하고 모두를 모아 앉히기만 하면 된다는 강연 형식의 교육은 준비하는 주최자에게는 매우 편합니다. 하지만 교육에는 수십 명에서 수백 명이라는 많은 사람의 시간이 투자되는 것이므로 교육의 생산성이라는 관점에서도 그 내용이 정말 업무

의 생산성에 도움이 되는지 정기적으로 재검토해보아야 할 것입니다.

과장에서 임원까지, 맞춤형 롤플레잉

미국의 혁신 기업들은 이러한 교육을 신입사원뿐 아니라 매니저나 부장에게도, 심지어는 임원들에게도 받게 합니다. 맥킨지의 고위직 파트너들도 고객 쪽 경영자와의 커뮤니케이션을 롤플레잉 형식으로 배우는 글로벌 트레이닝에 정기적으로 참가합니다.

강사는 수십 년 이상 컨설턴트로 근무하고 있는 베테랑 컨설턴트들인데 앞에서 논의한 바와 같이 롤플레잉 교육은 강사로부터 배운다기보다는 함께 교육에 참가하는 동료들로부터 배우는 경우가 많습니다.

임원들에게도 고객인 경영자 역할을 연기하고 그 입장이나 시점을 이해하는 것은 매우 가치 있는 일입니다. 또 평소에는 개별적으로 행동하는 다른 임원들의 대화 방식을 보고 각자 자신이 늘 하는 커뮤니케이션 스타일뿐 아니라, 새로운 커뮤니케이션 스타일을 익히는 계기가 될 수 있습니다.

컨설턴트 업계뿐 아니라 전 세계에 지사나 지점이 있는 글로벌 기업에서는 각국의 수뇌부(현지법인 사장)를 모아 같은 교육을 실시하는 기업도 적지 않습니다. 그 내용은 누군가 높은 사람의 강연을 듣는 수동적인 것뿐 아니라, 구체적인 과제에 대해 그룹으로 이야기를 나누고 발표하고 토론하는 매우 실질적인 것도 있습니다.

일반적인 연차별 교육에서는 수강하는 참가자의 연차가 높으면 높을수록 교육 내용이 추상적으로 흐르기 쉽습니다. 신입직원은 매일매일의 실무에 대하여 기술적인 연수를 받는데 과장은 관리직으로서의 업무에 대해 인사부의 설명을 들을 뿐이고, 임원이 되면 외부에서 초청한 유명 강사의 무용담이나 들어야 합니다. 지위가 높아질수록 교육 내용이 추상적이며 수동적인 것으로 변하는 것이 일반적입니다.

지위가 높은 사람에게 기술적인 것을 가르치는 것은 예의가 아니라거나, 신입사원도 아닌 바에야 그 정도는 스스로 배울 것이라고 생각할지도 모릅니다. 하지만 누구나 일상의 업무 속에서 실제로 직면하는 상황을 모의로 연습하는 일은 중요합니다.

상위 관리자는 신입보다 월급도 권한도 많으므로 당연히 빠른 속도로 성장할 것으로 기대합니다. 그를 위해서는 보다 적극적으로 교육을 받아 업무에 적용하는 일이 중요합니다.

이사회에서의 토론 방법, 타사와 분쟁 중인 고객의 주요 인사와의 대화법, 사업 방침이 대거 바뀌거나 큰 문제가 일어났을 때,

부서 내 회의에서 전 직원을 대상으로 말하는 연습, 투자자를 대상으로 사업 전략에 대한 프레젠테이션을 하는 연습 등, 상위 관리자에게도 도움이 되는 롤플레잉 상황은 의외로 많습니다.

인사부는 고위 관리직을 대상으로 할 때는 왠지 고상한 교육만 기획하기 쉽지만 이러한 기술적인 교육을 '수준이 낮고 도움이 되지 않는다.'라고 단정 짓는 것은 매우 안타까운 일입니다.

현장에서 활용하는 롤플레잉 교육

그렇다고 해도 자기 자신이 한 번도 롤플레잉 교육을 받아본 적이 없는 인사부나 연수부 직원이 갑자기 회사 방침으로 그런 교육을 기획하는 것은 어려운 일인지도 모릅니다.

그럴 때는 자기 부서의 신입직원을 위한 트레이닝부터 시작해보면 좋습니다. 자신은 그 상대역으로 교육에 참가하는 것만으로도 롤플레잉 교육의 의의를 잘 이해할 수 있습니다.

또 이처럼 역할극을 하는 교육은 처음에는 쑥스럽지만 몇 번하다 보면 그 효과를 실감할 수 있어서 적극적으로 수용하려는 마음이 생깁니다.

게다가 이러한 교육은 (인사부가 아니라) 각 부서의 관리자가 주도해서 부 내부나 과 내부에서 기획하는 편이 적절한 때도 많습니다. 그래야 그 부서의 직원이 그야말로 일상의 업무 속에서 난 감한 일, 잘 안 되는 일을 택해서 상황 설정(롤 설정)을 구체적으로 할 수 있기 때문입니다.

현장의 관리자 중에는 '교육을 계획해서 실행하는 것은 인사 부서의 역할이지 자신의 역할은 아니다. 자신의 역할은 OJT로 부하직원을 기르는 일이다.'라고 생각하는 사람도 있지만 생각을 바꿔서 자기 부서에서 효과적인 교육을 기획하고 잘되면 인사부에 제안해서 회사 전체로 확장시켜가고자 하는 마음으로 바뀌곤 합니다.

그것이 (전의 저서에서 설명한) '눈앞의 문제를 스스로 해결하고자 하는 자세', 즉 리더십이라고 할 수 있습니다.

롤플레잉 교육 프로그램의 실제

롤플레잉 형식의 연수에 대해 전혀 모르겠다, 상상이 안 간다는 독자들을 위해 구체적인 연수 방법에 대해 설명해보겠습니다.

| 영업부 교육 사례 |
- 참가자는 영업 직원 20명에서 50명 정도
- 강사는 영업과장 등 각 해당 분야에서 실적과 경험이 있는 몇 명

- 테이블 4개에서 9개(6명씩 나누어 앉는다)

- 교육 내용은 처음으로 방문한 잠재고객 회사에서 첫 30분 동안의 대화(영업 토크) 연습

   ※가능한 한 일상에서 흔히 있을 수 있는 상황을 설정한다

- 6명의 역할

   2명 = 고객 역(사장 역과 실무담당자 역 등)

   2명 = 자사 영업담당자 역(한 사람은 본인, 한사람은 상사 역 등)

   1명 = 시간 기록원(Time keeper)

   1명 = 피드백 담당

- 1회의 롤플레잉은 20분, 평가가 15분으로 1세트 35분

- 전원이 고객 역할과 자사 역할을 한 번씩 실시하는 회수 3번

- 트레이닝 전체 시간은 2시간 반~3시간

   첫 30분은 설명과 준비

   롤플레잉 35분×3회 = 105분

   전체 평가 30분

- 시간 기록원은 타이머를 써서 시간을 관리한다. 피드백 담당은 각 롤플레잉

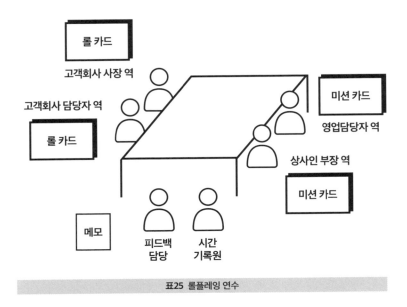

표25 롤플레잉 연수

후에 영업담당자 역할에게 피드백을 주는 이외에 다른 사람의 피드백을 끌어내는 등 평가시간의 사회를 담당

• 준비물 미션카드 1가지 × 3회분, 롤 카드 3가지 × 3회분

영업담당자 역할에게 주어진 롤 카드에는 시간 안에 달성해야할 미션이 쓰여 있습니다(예: 상대방 측의 의사결정자와 구매 의욕 및

구매 결정 요소를 파악하는 등).

롤 카드에는 각각의 역할을 맡은 사람이 연기해야 할 역할이 A4 반 장 정도의 글자(1분 이내에 읽을 수 있는 분량)로 기입되어 있습니다.

예를 들어 고객회사 사장 역할인 사람에게 전달되는 카드에는 사장의 프로필이나 사고방식, 이 미팅에 임하기 전의 마음가짐, '이런 말을 들으면 반발한다.'와 같은 피해야 할 화제도 쓰여 있습니다.

여기서 중요한 점은 이 롤 카드로 만들어낸 상황을 최대한 현실과 가까운 것으로 한다는 점입니다. 자사가 항상 경쟁회사와 비교당하는 상황에 놓여 있다면 고객의 실무담당자의 롤 카드에는 '비용 면에서 경쟁사 쪽이 우수하다는 점을 끈질기게 지적할 것'이라는 주문이 쓰여 있습니다.

세 번의 롤플레잉이 시행되기 때문에 가능하면 세 가지의 전형적으로 자주 일어나는 상황을 재현할 수 있도록 롤 카드를 작성하면 효과적입니다. 예를 들어 상대방 사장 역할의 롤 카드에는 다음과 같이 적어놓습니다.

- **1번째 롤 카드 = 이쪽 설명을 거의 듣지 않고, 가격 등의 거래 조건에 대한 질문을 반복한다**

- 2번째 롤 카드 = 5분이 지난 시점에 휴대폰이 울려 상담 도중 자리를 뜬다
- 3번째 롤 카드 = 구체적으로 묻지 않는 한 거의 아무것도 의견을 말하지 않고 가만히 자료를 보고 있다

상대방이 어떤 태도를 취하든 그것에 어떻게 대응하면서 미팅의 성과를 올리고 미션을 달성할 수 있을지 교육 참가자는 연구해야 합니다.

또한 그 대응 방법에 대한 다른 멤버들의 지적(피드백)이나 전체의 대화(그밖에도 이런 방법이 있지 않는가? 등의 대화를 전원이 최종적으로 나눈다)에서도 많은 것을 배울 수 있습니다.

8강

생산성이 4배
높아지는 업무술

출력 이미지를
떠올려라

—— 　생산성이 높은 사람은 업무 시작 전에 먼저 이미지화한 출력을 가지고, 업무 완성에 꼭 필요한 정보수집이나 분석만 하는 데 비해, 생산성이 낮은 사람은 우선 관련 있을 법한 자료나 정보를 닥치는 대로 모으기 시작합니다. 그 다음은 모은 정보를 전부 다 읽는 데 막대한 시간을 허비합니다. 이는 목표가 어디에 있는지 잘 확인하지도 않고 달리기 시작해서 대답이 있을 법한 곳을 모두 파보는 '장님 코끼리' 만지기식 업무 처리법입니다. 양자의 생산성은 하늘과 땅만큼의 차이가 발생합니다.

가야 할 목표를 그려라

이번 강의에서는 글로벌 혁신 기업들의 신입사원이 연수나 OJT를 통해 배워야 하는 자료작성 방법에 대해 그 요점을 정리해보고자 합니다.

여기서 가장 중요한 점은 '일을 시작하기 전에 출력 이미지를 가진다.'는 데 있습니다. 출력 이미지, 즉 업무의 완성된 이미지를 처음부터 갖는 것은 목표가 무엇인지를 처음부터 의식해두는 일입니다.

출력 이미지 없이 일에 착수하는 것은 마라톤 선수가 달리면서 목표를 찾는 것과 같은 것입니다. 목표의 정확한 위치를 모르고 대충 저쪽 방향이겠지 하는 방향 감각만으로 달리기 시작하면 최단 거리로 목표에 이르지 못합니다.

처음부터 목표의 모습을 구체적으로 떠올리고 그에 필요하고도 중요한 일부터 우선적으로 착수하는, 그런 생산성이 높은 일을 하려면 처음부터 무엇을 목표로 달리고 있는지 명확하게 떠올릴 필요가 있습니다.

비즈니스 현장에서는 고객을 위한 제안서에서 상품 기획서, 조사 리포트, 회의 자료에서 설문조사 결과까지 매일 다양한 자료를 만듭니다. 그를 위해 사용되는 시간의 생산성을 높이면 그 자료를 사용해서 의사결정을 하는 타이밍도 앞당길 수 있고, 부서 전체, 업무 전반의 생산성도 높일 수 있습니다.

한편 자료작성의 생산성은 개인차가 매우 큰 분야이기도 합니다. 정말 별 볼 일 없는 자료를 오랜 시간을 들여 만드는 신입사원은 어느 직장에든 있습니다. 맥킨지의 신입 컨설턴트도 예외 없이 입사 후 한동안은 고생을 많이 합니다.

그 차이는 이런 식입니다. 생산성이 높은 사람은 작업 시작 전에 이미지화한 출력(자료)을 완성하기 위해 꼭 필요한 정보수집이나 분석만 하는 데 반해, 생산성이 낮은 신입사원은 우선 관련 있을 법한 자료나 정보를 닥치는 대로 모으기 시작합니다.

그 다음은 모은 정보를 전부 다 읽는 데 막대한 시간을 소비하고, 나아가 그 막대한 정보를 모든 각도에서 분석합니다. 이것은

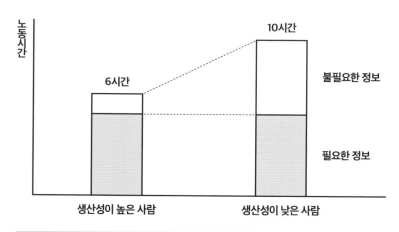

표26 정보수집의 생산성과 모인 정보량

목표가 어디에 있는지 잘 확인도 하지 않고 달리기 시작해서 답이 있을 법한 곳을 모두 파보는 '장님 코끼리 만지기'식의 접근 방식입니다.

양자의 생산성은 하늘과 땅만큼 차이가 납니다. 예를 들어 정보 수집입니다. 전자는 출력에 필요한 정보만을 골라서 모으지만, 후자는 해당 테마에 관련된 정보를 폭넓게 모읍니다. 그렇기 때문에 후자가 모은 정보에는 (지적 관심을 불러일으키고 공부가 될 수도 있지만) 이번 업무에는 필요치 않는 정보가 대량 들어 있습니다. 표 26

조사대상 업계에 관한 보고서를 볼 때 전자는 우선 그 자료에 자신이 원하는 정보가 게재되어 있는지를 조사합니다. 만일 들어 있지 않다면 바로 다른 자료를 찾아야 하기 때문입니다.

하지만 후자는 조사대상 업계에 관한 보고서라는 이유로 우선 처음부터 읽기 시작합니다. 만약 그 보고서에 이번 출력에 필요한 정보가 들어 있지 않았을 때 그것을 깨닫는 것은 보고서를 다 읽은 후입니다. 그리고 그 시점에서 다시 새로운 꼭 필요한 정보가 들어 있는 보고서를 찾기 시작합니다.

이처럼 출력 이미지 없이 정보를 수집하기 시작하는 사람은 대량의 관련정보를 모으면서 꼭 집어서 필요한 정보를 입수하기까지 막대한 시간을 낭비하고 맙니다.

'텅 빈' 자료를 만들어라

정보수집 전에 구체적인 출력 이미지를 가지기 위해 만드는 것이 블랭크 자료입니다. 일반적으로 익숙하지 않은 용어일지도 모르지만 컨설팅 회사에서 블랭크 자료를 만들지 않고 정보수집을 시작하는 일은 불가능(혹은 금기사항)합니다.

보통 상사나 고객으로부터 자료작성을 요청받은 직원은 우선 블랭크 자료를 만들고 그것을 상사나 고객에게 보여주어 출력 이미지를 공유한 후에 정보수집이나 분석에 착수합니다.

블랭크 자료가 무엇인지 간단히 예로 설명해보겠습니다. 남성복 전문 제조사가 새롭게 여성복 분야에 진출하기 위한 검토회의를 하게 되어 기획팀이 여성복 시장에 대한 기초조사 자료를 작성한다고 합시다.

이러한 지시를 받았을 때 재빠르게 인터넷이나 업계 통계자료에서 여성복 시장에 대해 알아보기 시작하는 사람이 있는데, 그렇게 하지 않고 우선 블랭크 자료의 목차를 만듭니다. 예를 들면 이렇습니다.

| 블랭크 자료의 목차 |

p1 - 여성복 시장 전체의 동향

p2 - 각 시장 분야의 특징

p3 - 비즈니스 과정마다 남성복 시장과의 비교

p4 - 사업 계획안

p5 - 앞으로의 일정

이처럼 최종적으로 만들어야 할 조사 보고서(출력)의 목차를 가장 먼저 만듭니다. 그런 다음 각각 페이지의 중간 제목을 만듭니다. 첫 번째 페이지의 '여성복 시장 전체 동향'을 예로 들면 다음과 같습니다.

여성복 시장 전체 동향

	분야별 시장 규모(OO년)	남성복 시장 규모(OO년)	성장률
포멀	○○억 원	○○억 원	○○%
비즈니스	○○억 원	○○억 원	○○%
럭셔리	○○억 원	○○억 원	○○%
트렌드	○○억 원	○○억 원	○○%
캐주얼	○○억 원	○○억 원	○○%

표27 블랭크 자료의 예: 첫 번째 페이지(p1)

각 시장의 특징

	주요 브랜드	상품 단가 / 최고가 / 최저가	시장 동향
포멀	소와르(Soir)…	○○~○○원 ○○~○○원	파티와 예식 문화에…
비즈니스	수트셀렉트 수트컴퍼니…	○○~○○원 ○○~○○원	……
럭셔리	에르메스 샤넬…	○○~○○원 ○○~○○원	대부분 글로벌 브랜드…
트렌드	월드 온워드 ZARA	○○~○○원 ○○~○○원	……
캐주얼	유니클로 MUJI 통신판매 전문점 ○○	○○~○○원 ○○~○○원	인터넷 판매 기업의 성장이…

표28 블랭크 자료의 예: 두 번째 페이지(p2)

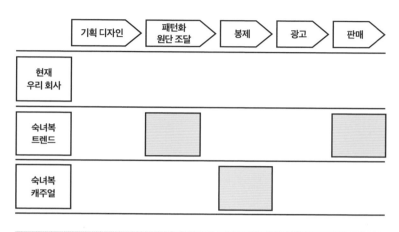

비즈니스 프로세스 비교

남성복과의 차이가 큰 곳

| 기획 디자인 | 패턴화 원단 조달 | 봉제 | 광고 | 판매 |

현재
우리 회사

숙녀복
트렌드

숙녀복
캐주얼

표29 블랭크 자료의 예: 세 번째 페이지(p3)

| p1 여성복 시장 전체 동향 |

① 여성복의 분야별 시장 규모(억 원)

② 같은 분야별 남성복 시장과의 비교

③ 최근 몇 년간 각 시장의 성장률

그런 다음 그 중간 제목을 따라 완성된 자료의 이미지를 만듭니다. p1은 표27처럼 됩니다. 아직 정보수집을 시작하지 않았기 때문에 자료에 구체적인 숫자는 아무것도 기입하지 않았습니다.

사업 검토안

	장점	단점	확인이 필요한 점
단독 사업	…… ……	…… ……	…… ……
제휴	…… ……	…… ……	…… ……
OEM공급	…… ……	…… ……	…… ……

표30 블랭크 자료의 예: 네 번째 페이지(p4)

앞으로의 일정

	중간회의 ○월 ○일		임원회의 ○월 ○일	
상품기획부	○/○까지…	○/○까지…	○/○까지…	○/○까지…
시장조사부	○/○까지…		○/○까지…	
점포운영부	○/○까지…	○/○까지… ○/○까지…		○/○까지…
제조기획부			○/○까지…	
재무부		○/○까지… ○/○까지…		
인터넷 사업부		○/○까지…		○/○까지…

표31 블랭크 자료의 예: 다섯 번째 페이지(p5)

이것이 이 자료가 '블랭크(blank)', 즉 '텅 빈'이라고 불리는 이유입니다. 보통은 자도 사용하지 않고 맨손으로 만드는데, 입사 1년차 신입사원은 표27에서 표31까지 5장을 만드는 데 1시간 정도 걸립니다.

다음 페이지 이후에도 최종적으로 작성하는 자료와 같은 크기의 용지(A4 세로, A4 가로 등)에 완성된 자료를 상상하면서 필요한 항목만 채워 넣습니다(표 28에서 31까지 참조). 블랭크 자료를 만드는 데는 (지금 제가 그렇듯이) 여성복 시장에 대한 자세한 정보는 필요치 않습니다.

완성된 블랭크 자료는 상사나 고객과 공유하고 "이 자료의 블랭크 부분에 구체적인 숫자나 자료를 넣으면 우리 회사는 의사결정을 할 수 있겠지요?" 하고 확인합니다. 즉 가장 먼저 블랭크 자료를 만듦으로써 의사결정에 대한 의중을 물을 수 있고, 나중에 "이 정도의 정보로는 의사결정을 할 수 없네. 더 정보가 필요해."라고 무조건 판단을 연기할 수도 없게 만듭니다. 아울러 '의사결정을 할지 안 할지는 알 수 없지만 우선 공부하고 싶으니 자료를 모으기 바란다.'라는 식의 생산성이 낮은 일을 줄이는 효과도 기대할 수 있습니다.

만약 사전에 블랭크 자료를 보여주었을 때 상사나 고객이 '이 것만으로 의사결정을 할 수는 없다.'라고 하더라도 어떤 정보가 부족한지를 말로 설명하는 것이 아니라 블랭크 자료의 항목으로 제시할 수 있습니다. 그렇기 때문에 며칠씩이나 작업을 한 후에 '내가 원했던 것은 이런 자료가 아니다.'라는 착오는 생기지 않습니다.

이처럼 블랭크 자료를 사용하면 자료작성뿐 아니라 의사결정의 생산성도 대폭 향상시킬 수 있습니다.

모든 일에는 설계가 필요하다

블랭크 자료 만들기에 관해 신입사원들로부터 "블랭크 자료에는 들어 있지 않지만 만약 원래 자료작성 목적을 검토해보았을 때 명백하게 중요하다고 생각하는 새로운 정보를 접하면 어떻게 하면 좋을까요?"라는 질문을 자주 받습니다.

이러한 예상치 못한 귀중한 정보를 발견했을 때 블랭크 자료에 없다고 무시하면 중요한 정보가 누락됩니다. 그렇다고 블랭크 자료에는 없지만 중요하다고 해서 점점 모으다 보면 일부러 처음에 출력 이미지를 확인한 의미가 없어집니다. 이럴 때는 새롭게 찾은 정보를 포함해서 블랭크 자료를 다시 만들어야 합니다.

블랭크 자료란 집을 만들 때의 설계도에 해당합니다. 집을 짓는 사람이 맨 처음 설계도에 대해 집주인과 합의하고 필요한 재료를 조달하기 시작했는데, 도중에 새로운 기능이 있는 새로운 건자재가 유통되고 있다는 사실을 깨달았다고 합시다.

이 새 건자재는 애초 설계도에는 들어 있지 않았지만 기존의 건자재보다 기능이 좋고 가격도 싸서 아무리 생각해봐도 써야겠다고 판단하겠죠. 하지만 그것을 사용하려면 설계도대로의 집은 완성되지 않습니다.

이때 건설 담당자는 어떻게 해야 할까요? 당연히 설계도를 다시 그릴 것입니다. 갑자기 좋은 재료를 발견했다고 당초의 설계도를 팽개치고 집을 짓기 시작하지는 않을 것이며, 또 설계도에 없다고 가치 있는 재료를 무시할 수도 없겠죠. 자료작성에서의 블랭크 자료도 마찬가지입니다.

정보를 수집하다 보면 이번 자료에는 필요치 않지만 매우 흥미로운 정보를 많이 찾을 수 있습니다. 지적 호기심이 강한 사람일수록 그러한 정보를 열심히 읽고 깊이 빠지게 됩니다. 더구나 '흥미로운 사실을 알았다.' '여러 가지로 공부가 되었다.'라며 기뻐하기도 합니다.

이러한 사람들은 생산성에 대해 너무나 둔감합니다. 어떤 일을 특정 날짜까지 끝내야 하는 상황에서 '여러 가지로 공부가 되었다.'는 위안을 위해 귀중한 노동시간을 써서 원래 해야 할 의사결정을 늦추는 일이 옳은 것인지에 대한 인식이 없다는 것입니다.

사전에 예상치 못했던 가치 있는 정보를 작업 중에 만났다면 그 시점에서 블랭크 자료를 다시 만들어 '정말로 가치 있는 = 최종적인 자료에 사용해야 할 = 의사결정을 좌우할 가능성이 있는 중요한' 정보라는 사실을 확인한 후에 자세히 읽거나 분석을 시작하면 됩니다.

그렇게 하면 '뜻밖의 발견(serendipity)'이라 불리는 '우연히 찾을 수 있었던 큰 가치'를 놓치지 않고, 동시에 흥미롭지만 이번 자료와는 관계없는 정보에 빠지는 일도 막을 수 있습니다.

어느 시점에서든 최종적으로 만들고자 하는 '자료의 출력 이미지 = 블랭크 자료가 손 안에 있는 = 항상 가까이에 최신 설계도'를 가지고 일을 진행하는 것이 자료작성의 기본입니다.

머릿속에서도 가능하다

블랭크 자료는 시장조사나 고객만족도 조사 등을 위해 설문조사를 할 때나 정보수집을 위한 인터뷰를 할 때도 유용합니다.

많은 사람들의 의견을 모으는 설문조사에서는 사전에 모은 상태의 이미지를 상상하며 블랭크 자료를 만들거나 "조사 후 이런 집계나 분석을 할 수 있다면 가치 있는 설문조사가 되겠지요?"라고 확인한 후에 질문 이메일이나 조사표를 보내면 됩니다.

설문조사나 조사에서 흔히 있는 실패는 이미 설문지 대답이 돌아온 후에서야 처음으로 그런 대답에 원하는 가치가 포함되어 있지 않다고 깨닫는 데 있습니다. 막대한 시간을 들여 설문조사를 했는데 그다지 영양가 있는 결과가 나오지 않았다든지, 가치 있는 분석에 꼭 필요한 정보나 속성을 모으지 못했다면 무슨 소용이 있겠습니까? 생산성이 너무 낮아서 매우 속이 상할 것입니다.

인터뷰할 때도 '이번 인터뷰에서 얻은 정보로 최종적으로 작성할 자료나 기사'라는 출력 쪽의 블랭크 이미지를 만듭니다. 그리고 그 출력에는 정말로 가치가 있는 점을 사전에 확인해둬야 합니다.

'인터뷰 준비'라고 하면 질문 리스트를 만드는 사람이 많은데 사전에 질문 리스트나 인터뷰 가이드를 만드는 것이 아니라, 출력 이미지를 만들어야 합니다. 왜냐하면 질문사항이 무엇인가에 따라 나중에 반드시 가치 있는 출력을 만들 수 있는 것은 아니기 때문입니다.

한편 블랭크 자료를 가지고 인터뷰를 하고 이야기를 들으면서 블랭크 자료에 상대방의 대답을 기입해나가면 그것만으로도 인터뷰 보고서는 완성됩니다. 더구나 그 블랭크 자료는 처음에 '이 블랭크 자료가 완성되면 큰 가치가 있다.'고 확인한 다음이어서 '모처럼 긴 시간을 들여서 정보를 모았는데 가치가 떨어지는 자료였다.'는 우울한 결과를 피할 수 있는 겁니다.

더불어 컨설팅 회사에서는 신입사원일 때 실제로 블랭크 자료를 만들지만, 수석 컨설턴트는 머릿속에서 블랭크 자료를 만들거나 다시 만들 수 있고, 또한 그것을 말로 다른 사람과 공유하는 기술이 있습니다.

그렇기 때문에 그들은 인터뷰로 향하는 도중에도 머릿속에 블랭크 자료를 만들거나 그에 기초를 두고 질문합니다. 또한 이야기 도중에 블랭크에는 그려 넣지 않았지만 가치 있는 정보를 얻었을 때는 그것을 바탕으로 머릿속에서 (인터뷰 중에) 블랭크 자료를 다시 만들어냅니다.

그런 후에 '상대방이 말하는 내용, 즉 수집한 정보'를 차례대로 머릿속에 있는 블랭크 자료 안에 넣고 인터뷰가 끝난 순간에는 이미 취재 보고서를 완성한 상태입니다. 신입사원이 인터뷰 중에는 메모를 하는 데 전념하고 사무실에 돌아와서 '이제, 보고서를 써볼까?'라고 생각하는 것에 비하면 생산성이 압도적으로 높습니다.

의사결정에 필요한 정보인가

블랭크 자료 없이 정보를 모으기 시작하면 정보가 대량으로 존재하는 분야의 정보수집에는 많은 시간이 허비되고, 정보가 존재하지 않는 분야에서는 매우 짧은 시간 안에 정보수집이 끝나게 되는 정보 편중으로 인한 문제가 생길 가능성도 있습니다.

뒤에 나오는 표32를 보시기 바랍니다. 정보에는 의사결정에 필요한 정보와 불필요한 정보가 있습니다. 또한 정보량이 많아서 모으기 쉬운 정보 분야와 정보량이 부족해서 모으기 힘든 정보 분야도 존재합니다.

블랭크 자료를 만든 후에 정보를 수집하고 있는 사람은 얼마나 모으기 쉽냐에 구애받지 말고 의사결정에 필요한 정보(그림 A의 채색된 부분의 정보)를 모으지만, 막연히 정보를 수집하고 있으면 모으기 쉬운 정보(그림 B의 채색된 부분의 정보)를 모으는 데만 시간을 허비하고 맙니다.

데이터베이스나 인터넷으로 정보를 찾는 일이 많은 요즘은 특히 더 그렇습니다. 검색했을 때 대량으로 나타나는 정보, 정보가 많은 분야의 정보를 위에서부터 차례대로 한없이 검색하는 사람은 특히 그럴 우려가 높습니다.

세상에는 정보가 매우 넘쳐나는 분야와 쉽사리 찾아볼 수 없는 분야가 있습니다. 그렇다고 지금 자신이 하는 일에서 전자가 더 중요한 정보라는 뜻은 아닙니다.

대부분 역사가 오래된 분야에는 정보가 많고 새로운 분야에

A

공개 정보의 풍부함	정보의 필요성	이번 의사결정에 필요 =블랭크 자료에 들어 있다	이번 의사결정에 불필요 =블랭크 자료에 들어 있지 않다
	많다	**중요하고 정보도 많다**	**중요하지 않지만 정보는 많다**
	적다	**중요하지만 정보는 적다**	**중요하지 않고 정보도 적다**

B

공개 정보의 풍부함	정보의 필요성	이번 의사결정에 필요 =블랭크 자료에 들어 있다	이번 의사결정에 불필요 =블랭크 자료에 들어 있지 않다
	많다	**중요하고 정보도 많다**	**중요하지 않지만 정보는 많다**
	적다	**중요하지만 정보는 적다**	**중요하지 않고 정보도 적다**

표32 정보 편중의 위험성

관한 정보는 그다지 많지 않습니다. 또한 갑자기 대중매체에 큰 화제로 등장한 분야에 대한 정보는 손쉽게 찾을 수 있습니다. 그러나 화제가 된 것과 지금의 의사결정에 중요한지와는 별개의 문제입니다. 정보를 찾아보기 힘든 분야야말로 정보로서 가치가 있을 때가 많기 때문입니다. 원래는 의사결정에 반드시 필요한 정보나 토론의 방향성에 큰 영향을 주는 중요한 정보를 모으는 데 시간을 들여야 하는데, 별로 중요하지는 않지만 조금 검색해 보니 엄청나게 정보가 많았던 분야에만 시간을 들인다면 생산성은 포기해야 합니다.

대량 정보에 쉽게 접근할 수 있는 시대이기 때문에 더욱더 정보를 얼마나 쉽게 얻을 수 있느냐와 양에 연연해하면 곤란합니다. 먼저 자신에게 필요한 자료를 집중적으로 모으기 위해서라도 명확한 출력 이미지를 의식한 후에 정보를 수집해야 합니다.

'충분함'과 '필요함'의 균형 맞추기

정보수집 과정에서 분석 과정으로 들어가도 출력 이미지를 가지고 있는 사람이 필요한 분석만 하는 데 반해, 그렇지 않은 사람은 여러 가지의 흔히 있는 분석을 닥치는 대로 합니다. '흔히 있는 분석'이란, 예를 들어 숫자라면 합계, 평균, 표준편차나 상관

관계 등을 일단 계산하고 보는 것입니다.

이런 식의 '일만 하고 보는 분석'은 한없이 계속할 수 있기 때문에 자기도 모르게 엄청나게 긴 시간을 소비하고 맙니다. 개중에는 '숫자를 이리저리 굴리다 보니 생각지도 못한 가치 있는 메시지가 떠올랐다.'고 주장하는 사람도 있습니다.

하지만 아무런 가설도 없이 뜬구름 잡는 것처럼 숫자를 굴리는 것은 모래사장에서 바늘을 찾는 것만큼이나 생산성이 떨어지는 행동입니다. 직장인이든 연구자든 가장 먼저 '이런 결과가 나오면 큰 영향을 미친다.'는 가설을 세우지 않고 무조건 정보를 찾는다면 시간이 아무리 많아도 부족합니다.

나아가 블랭크 자료를 보면서 분석하다 보면 분석의 정도에 대해서도 적절하고 필요한 수준으로 분석할 수 있습니다.

재정적인 분석에서 가령 '10억 원 이상의 흑자가 나면 투자 실행, 그 이하면 취소'라는 판단을 하기 위해 분석할 때 맨 마지막 한 자리까지 완벽하게 계산할 필요는 없습니다.

도중에 '가장 낙관적인 시나리오로도 수억 원 적자가 난다.'는 사실을 알았다면 이미 투자할 필요가 없기 때문입니다. 이럴 경우, 적자가 2억 원인지 3억 원인지를 나눌 필요는 없습니다. 시간이 남아돈다면 모를까, 그밖에도 중요한 일이 있다면 '아무리 잘

되어도 수억 원의 적자'라는 결론이 나면 분석은 거기에서 끝내야 합니다.

완벽주의적인 사람은 '적당한 선에서 포기하는 것은 좋지 않다.'고 생각하기 쉽지만 이런 사람은 충분한 수준과 대충인 수준의 차이를 이해하지 못하는 사람입니다. 개중에는 이번 의사결정의 필요 여부와 상관없이 완벽하게 완성하는 것 자체에 쾌감을 느끼는 사람도 있어서 일의 생산성을 떨어뜨리기 십상입니다.

미크론(1미크론은 1미터의 100만분의 1에 해당) 단위의 정확함이 요구되는 기술자가 아닌 이상, 그러한 끊고 맺음이 없는 업무 방식은 자기만족에 지나지 않습니다. 오히려 각각의 일에 관해 필요충분함이란 어떤 수준인지 그것을 판단하는 힘이야말로 비즈니스를 하는 사람이 갖춰야 할 소양입니다.

이처럼 맨 처음 출력 이미지(블랭크 자료)를 만든 후에 정보를 수집하거나 분석하기 시작하면 정보수집, 분석 그리고 의사결정의 생산성을 몇 배나 더 끌어올릴 수 있습니다.

9강

회의만 바꿔도
'생산성'이 보인다

생산성 중심의
커뮤니케이션 방식

—— 생산성이 떨어지는 회의는 '시간이 오래 걸리는 회의'가 아니라 '결정해야 할 것이 결정되지 못하는 회의'를 말합니다. 시간 단축뿐 아니라 어떻게 하면 의견을 자유롭고 활발하게 교환할 수 있을지, 일정 시간 안에 의사결정이 완료될 수 있는지 다양한 방법이 필요합니다. 분위기 변화, 회의 테이블 배치, 자리 이동, 순차적인 자료 배포 등 반복했던 회의 방식을 처음부터 다시 생각하는 것만으로도 생산성 높은 커뮤니케이션 결과를 얻을 수 있습니다.

회의시간만 줄이면 생산성이 오를까

제3강에서 언급한 것처럼 양을 조절하는 것이 아니라 질과 생산성이 중요합니다. 그리고 생산성을 높이기 위해서는 입력을 줄이는 방법과 더불어 출력을 높이는 방법도 있습니다. 이것을 회의에 적용해보면 '지금은 회의시간을 줄이는 일이 중요한지, 아니면 회의의 성과를 높이는 방법을 고려해야 할 때인지' 하는 관점에서 보게 됩니다.

특히 신상품 개발과 같은 지금까지 없던 새로운 아이디어를 끌어내는 것이 목적인 회의에서는 질 높은 회의와 그렇지 않은 회의의 성과 차이는 10배에서 100배 수준까지 생겨납니다. 따라서 회의시간을 가능한 한 짧게 하는 것보다 성과를 가능한 한 높이는 것이 훨씬 더 중요합니다.

　이번 강의에서는 회의의 생산성을 높이기 위한 방법론을 소개하겠지만 회의의 스타일은 기업에 따라 다르다는 점을 참고하기 바랍니다. 한 가지라도 자기 회사에 맞는 것이 있다면 참고해서 회의시간의 단축이 아니라 생산성 향상에 도움이 되었으면 하는 바람입니다.

'이 회의에서 무엇을 달성해야 하는가'

자료작성과 마찬가지로 회의의 생산성을 높이기 위해서라도 가장 먼저 출력을 구체적으로 상상하는 것이 효과적입니다. 다만 여기에서 말하는 회의의 출력 이미지란 '의제 리스트'나 '어젠다 리스트'와는 다릅니다.

　의제 리스트에 나오는 것은 '○○프로젝트 예산에 관해'와 같은 문구이지만 이것으로는 회의 중에 달성해야 할 것이 예산에 대해 토론하는 것인지, 예산의 구체적인 내용을 확인하는 것인지, 아니면 예산 총액에 대해 결정하는 것인지 전혀 알 수 없습니다.

　어떤 사람은 '오늘 회의에서 예산 총액을 정해야 한다.'라고 생각하는데 다른 직원은 '우선 여러 의견을 서로 내놓는 것이 중요하다.'라고 생각하기도 합니다. 참가자들의 목표가 각기 다르면 토론이 되지 않습니다. '○○에 대해서'라는 문구에 이어지는 의제 리스트로는 참가자가 '이 회의에서 무엇을 달성해야 하는지'를 제대로 이해할 수 없습니다.

흔히 볼 수 있는 회의 의제 리스트와 회의의 달성 목표의 차이는 다음과 같습니다.

오늘의 회의 의제 리스트

1. 다음달 ○○발매 3주년 기념행사에 대해

2. 지난달 발매된 ○○의 판매 실적 보고

3. 다음달 실시 예정인 시장조사 방법에 대해

오늘의 회의 의제 리스트

1. 다음달 ○○발매 3주년 기념행사의 주요 내용 아이디어

2. 지난달 발매된 ○○의 판매 목표 미달성의 원인 분석과 향후 대책 결정

3. 다음달 시장조사를 ○○리서치 회사에 발주할 것, 그리고 조사 내용을 자세하게 최종 확인할 것

맨 위의 의제 리스트에는 '토론해야 할 부분'은 명시되어 있지만 이 회의시간 안에 무엇을 달성해야 하는지는 쓰여 있지 않습

니다. 한편, 달성 목표 리스트에는 회의 참가자가 이 시간 안에 무엇을 결정해야 하는지 정보로서 공유할 필요가 있는 항목은 무엇인지 등이 모두 적혀 있습니다. 이렇게 해서 회의의 달성 목표를 구체적으로 명시하는 것만으로도 회의의 생산성은 큰 폭으로 향상됩니다.

덧붙여서 대부분의 회의 달성 목표는 다음과 같이 5개 중 한 가지입니다.

① **결단할 일**

② **아이디어 리스트를 만드는 일**

③ **정보를 공유하는 일**

④ **합의하는 일 = 설득하는 일 = 납득시키는 일**

⑤ **일의 순서나 역할 분담 등 다음 단계에 할 일을 정하는 일**

그러므로 이 5개의 목적별로 가장 생산성이 높다고 생각되는 방법을 유형별로 만들어두면 회의의 생산성은 한층 더 끌어올릴 수 있습니다.

예를 들어 두 번째 아이디어 리스트를 만드는 회의에서 "다른 의견 없습니까?" 하고 사회자가 물으면 여기저기서 나오는 참가자의 아이디어를 담당자가 칠판에 적어가는 식의 회의를 아직도

하고 있는 곳이 많은데, 이런 방법이 아이디어 리스트를 만드는 가장 생산적인 방법이라고는 믿기 어렵습니다.

그보다는 영업담당자와 기술자 등, 서로 다른 관점을 가진 두 사람이 서로 토론할 리스트를 미리 만들어서 회의에서는 그 자료를 보면서 부족한 아이디어를 추가하는 편이 훨씬 생산성이 높습니다.

이런 방법을 '회의에서 아이디어 리스트를 만들 때의 기본 과정'으로 통일해두면 회의의 생산성을 손쉽게 높일 수 있습니다. 혼자서 하면 5분도 걸리지 않을 토론 주제 리스트를 만드는 데 전원이 모처럼 다 모이는 회의시간을 쓰는 것은 지나치게 생산성이 떨어지는 방식입니다.

자료를 읽는 데 시간을 버리지 마라

회의시간에 가장 생산성이 떨어지는 일은 자료를 준비한 사람이 그 자료를 설명하는 데 쓰는 시간입니다. 실은 혁신 기업들의 사내회의에서는 일반적으로 자료를 설명하지 않습니다.

회의 중에 자료작성자가 자료를 한 장씩 넘기면서 일일이 설명하는 것은 다른 회의 참가자에게 내용을 이해시킨다는 취지에서 볼 때, 생산성이 대단히 낮은 방식입니다.

각자가 받은 자료를 묵묵히 훑어보면 대부분의 자료는 2분 정도면 충분히 읽을 수 있습니다. 회의 시작과 동시에 "지금부터 2분간 자료를 훑어보시기 바랍니다."라고 읽는 시간을 주면, 10분 걸려서 설명을 듣는 데 비해 생산성은 5배나 높아집니다.

맥킨지에 막 입사했을 무렵 장시간 동안 만든 자료를 전혀 설명하지 못하게 하는 것을 보고 저는 '애써 만들었는데…' 하고 내심 서운해한 적이 있었습니다.

즉 회의에서 자료작성자에게 설명 시간을 주는 것은 그 담당자에 대한 보상입니다. 오랜 시간 들여 만들었을 테니 발표할 시간을 주자는 생각 때문에 2분에 읽을 수 있는 자료를 10분 들여서 설명하도록 허락하는 셈입니다.

그것이 용납되지 않는 회의를 경험해보고 나서야 비로소 저는 회의의 생산성 쪽이 자료작성자에 대한 배려보다 중요하다는 것을 이해하게 됐습니다.

작성자가 설명해주는 것보다 자료를 읽는 편이 빠르기 때문만은 아닙니다. 그것은 작성자가 시간을 들여 설명할 부분이 중요한 것일지라도 의사결정을 좌우하는 부분도 아니고, 자료를 만들 때 자신이 가장 힘들었던 부분, 고민했던 부분이었기 때문입니다. 그 심정은 이해하지만 이 또한 시간을 낭비하는 이유 중 하나입니다.

때로는 자료 설명과 그 내용에 관한 자세한 질의응답만으로 회의시간의 반 이상을 소비하고 마는 경우도 있기에 '원칙적으로 자료 설명은 금지'라는 규칙을 만들면 회의의 생산성이 큰 폭으로 향상됩니다.

이것은 자료를 1장에 정리하는 식의 양을 제한하는 것보다도 훨씬 효과적인 방안입니다. 비록 자료가 1장일지라도 그 설명에 5분을 쓰는 것만으로 각자가 1분 동안 훑어보는 방식보다 생산성이 5배나 낮아집니다.

원래 3장 분량의 정보를 공유해야 하는데 사내 규칙 때문에 회의에는 1장밖에 내놓을 수 없을 때, 자료작성자는 3장의 정보를 1장에 정리하기 위해 불필요한 시간과 노력을 들입니다. 인쇄용지 100장 분량을 작성하는 데 드는 비용보다 시급이 낮은 사원은 존재하지 않습니다. 시간을 들여 3장 분량의 정보를 1장에 모으려고 노력할 정도라면 2장의 자료를 나눠주고 사용한 종이를 재활용하는 편이 훨씬 합리적입니다.

회의 자료 장수를 제한하는 기업이 정말로 낭비라고 생각하는 것은 인쇄지 값이 아니라, 자료의 장수와 함께 길어지는 자료의 설명 시간이 아닐까요? 그렇다면 자료의 장수를 제한하는 것보다 설명 시간 자체를 제한하는 것이 훨씬 더 생산성 향상으로 이어질 것입니다.

'포지션'도 연습이 필요하다

생산성이 낮은 회의란 '시간이 오래 걸리는 회의'를 말하는 것이 아니라 '결정해야 할 것이 결정되지 않은 회의'를 말합니다. 회의 자체에서 결론을 내기 위해서는 우선 참가자 개개인이 자신의 의견을 정해서 밝혀야 합니다. 하지만 개중에는 의사결정 자체를 잘 못하는 사람들이 있습니다. 그런 사람은 의사결정이 필요한 시점에서도 '경우에 따라서'라든지 '한마디로는 할 수 없다.' '더 알아보지 않으면 알 수 없다.' '정보가 부족해서 결정할 수 없다.'는 식으로 어떻게 해서든지 의사결정을 회피하려고 합니다.

이런 사람은 의사결정 연습을 할 필요가 있습니다. '그 사람은 판단력이 부족하다.'라고 평가하는 경우가 있는데 불확실한 상황에서 결단을 하는 것은 비즈니스 스킬의 하나이기 때문에 지금은 부족하더라도 연습을 통해 익히면 됩니다.

구글에서는 자신의 의사를 명확히 하는 것을 '포지션을 갖는다(take a position)'라고 부르며 전 사원이 갖추어야 할 비즈니스의 소양이라고 가르칩니다. 이를 위해 입사한 지 얼마 안 되어 아직 아무것도 모르는 신입사원에게도 회의할 때 의사결정 연습의 일환으로 입장을 취하도록 요구합니다.

비즈니스상의 의사결정이란 '확실하게 알 수 없는 미지(미래)의 것에 대해 결단하는 것'입니다. 확실하게 알고 있는 것에 대한 결단은 누구든지 할 수 있고, 또 그리 대단한 일도 아닙니다. 그러므로 아직 아무것도 모르는 신입사원에게도 입장을 갖게 합니다.

스스로 의사결정을 잘 못한다고 생각하는 사람이라면 포지션을 갖는 연습을 해보면 좋습니다. 연습에 사용할 수 있는 소재는 주변에서 흔히 찾을 수 있습니다. 뉴스에서는 매일 세금 인상에서 사회보장제도의 문제점까지, 아무리 정보를 모아도 충분하지 않으면서도 동시에 완벽하게 올바른 대답도 존재하지 않는 의사결정 연습에 딱 맞는 문제는 무수히 많습니다.

매일 한 가지라도 좋으니 자신이 최종결정자라면 어떻게 결단을 내릴지, 그것은 왜일지 생각하는 습관을 들이면 점차 입장을 취하는 것이 두렵지 않게 됩니다. 물론 자기가 속한 부서의 전략에 대해서 리더가 되었다고 생각해보면 됩니다.

자연스럽게 자신의 입장을 취할 수 있는 사람은 좀처럼 이해하기 힘들지도 모릅니다. 하지만 세상에는 연습하지 않으면 자신의 의견을 정하지 못하는 사람이 의외로 많습니다. 설령 자신에게는 아무런 책임이 없어도 왼쪽인지 오른쪽인지 결정하지 못하는 것입니다.

그런 사람은 리스크가 없는 환경에서 자신의 의견을 밝히는 것부터 연습하는 것이 좋습니다. 기한이 정해져 있는 사안에 관해 언제까지나 판단을 유예하거나, 기약 없이 토론을 이어나갈 수는 없기 때문입니다.

결과에 대한 근거를 기록하라

일반적인 회의에서는 개인의 입장 못지않게 조직의 의사결정도 필요합니다. 결론을 내지 못한 채로 끝낸 회의가 있었다면, '오늘 회의에서 결론을 내리지 못한 이유가 무엇이었나?'를 기록해두는 것만으로도 이후 회의의 생산성을 큰 폭으로 끌어올릴 수 있습니다.

필요한 결론을 내지도 못했으면서 '오늘은 토론을 잘했다.' '다양한 의견이 있다는 사실을 알 수 있었다.'는 식으로 평가하면서 마치 성과가 있었던 것처럼 넘어가는 것이 가장 바람직하지 못합니다. 결정해야 할 사항을 결정하지 못했다면 그를 위해 쓴 시간의 생산성은 제로입니다. 즉 낭비였다는 사실을 제대로 인식해야 합니다.

나아가 '결정하지 못했던 이유는 누구 탓인가?' 하고 범인을 찾을 필요도 없습니다. 이번에는 왜 결단하지 못했는가를 아는 것만으로 충분합니다.

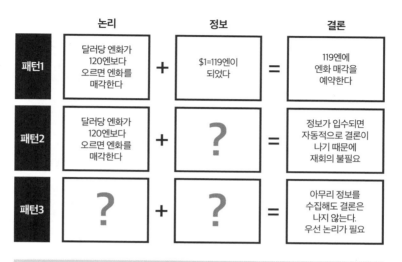

表33 의사결정에 필요한 2가지 요소: 논리와 정보

| 회의에서 정해야 할 것을 정하지 못한 주된 이유 |

① 사장이나 본부장 등 의사결정자가 회의에 빠졌다

② 의사결정의 논리가 명확하지 않았다

③ 데이터나 자료가 충분치 않았다

④ 회의 주최자가 결정하는 행위에 리더로서 역할을 발휘하지 못했다

여기에서 특히 ②와 ③에 주목하기 바랍니다. 의사결정에 필요한 것은 논리와 정보이며 이 중 하나라도 부족하면 결론이 나

지 않습니다. 그리고 많은 회의에서 "이번에 결론이 나지 않은 이유는 정보가 부족했기 때문이다."라는 말이 나옵니다.

그러나 그중에는 '정보가 부족한 것이 아니라 논리가 부족했던 회의가 매우 많이 포함되어 있습니다. 논리가 부족한데 '정보가 부족해서 의사결정을 내리지 못했다. 그러므로 다음 회의까지 각 분야에서 더 많은 정보를 모아오자.'라고 마무리해버리면 몇 번 회의를 열어도 아무것도 결정되지 않습니다.

의사결정에는 논리와 정보가 필요하다는 사실을 간단한 예로 들어보겠습니다.

'엔이 1달러에 120엔보다 오르면 엔화를 매각한다.'는 논리와 '오늘의 환율은 1달러에 119엔이다.'는 정보가 있으면 '오늘은 엔화 매각을 예약한다.'는 결정을 내릴 수 있습니다. 표33

그렇다면 여기에서 논리는 있지만 정보가 부족한 상황을 상상해봅시다. '엔이 1달러에 120엔보다 오르면 엔화를 매각한다.'는 것은 정해져 있지만 오늘의 환율이 얼마인지 알 수 없기에 그 정보가 없는 경우입니다.

이런 경우 정보를 모은 후에 다시 회의를 할 필요는 없습니다. 의사결정의 논리에 대해서만 회의에서 합의해두면 그다음은 정보가 손에 들어오는 대로 자동적으로 정할 수 있습니다. 그러므로 회의를 다시 할 필요는 없고 담당부서에 '119엔대에 들어 있으면 엔화 매각을 예약하고, 그렇지 않으면 매각하지 말도록' 지시하면 그만입니다. 즉 단지 정보가 부족할 뿐이라면 회의를 다시 할 필요는 없습니다.

또한 의사결정이 필요한 시점에서 '경우에 따라 다르다.'는 대답을 하는 사람에게는 "어떤 경우라면 'Yes'라고 판단합니까?" 하고 '경우의 수'를 명확히 합니다.

예를 들어 "고객의 반응을 몰라서 결정할 수 없다." "판매해야 할지는 고객의 반응에 달렸다."라는 말을 했다면 "그렇다면 조사하고 나서 결정합시다."라고 의사결정을 미루는 것이 아니라 '조사결과 고객의 40퍼센트는 만족한다고 대답했고, 30퍼센트는 기능에는 만족하지만 가격이 비싸다고 대답했다.'는 식의 가정을 주어 "만약 조사결과가 이렇다면 우리는 지금 어떤 의사결정을 할 수 있을까요?"라고 확인하면 됩니다. 표34

벤처기업이나 단독 오너 기업의 의사결정이 빠른 것은 그들이 자기들 나름의 의사결정 논리를 가지고 있기 때문입니다. 논리가 있기 때문에 부하직원이 정보를 모으면 바로 의사결정을 할 수 있습니다.

"정보가 부족해서 오늘 회의에서는 결정할 수 없다."는 말이 나오면 반드시 '부족한 것은 정말로 정보인가? 의사결정의 논리는 명확한가?'라는 관점에서 확인해보도록 합시다. 회의시간을

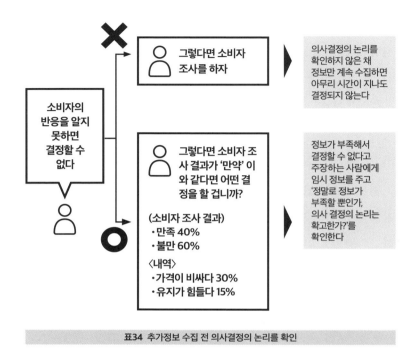

소비자의
반응을 알지
못하면
결정할 수
없다

그렇다면 소비자
조사를 하자

의사결정의 논리를
확인하지 않은 채
정보만 계속 수집하면
아무리 시간이 지나도
결정되지 않는다

그렇다면 소비자 조
사 결과가 '만약' 이
와 같다면 어떤 결
정을 할 겁니까?

(소비자 조사 결과)
・만족 40%
・불만 60%
〈내역〉
・가격이 비싸다 30%
・유지가 힘들다 15%

정보가 부족해서
결정할 수 없다고
주장하는 사람에게
임시 정보를 주고
'정말로 정보가
부족할 뿐인가,
의사 결정의 논리는
확고한가?'를
확인한다

표34 추가정보 수집 전 의사결정의 논리를 확인

단축하는 데 민감한 기업은 늘고 있지만 사실은 의사결정의 생
산성에 관해 더 신경을 써야 합니다.

분위기가 결과를 바꾼다

회의 환경이나 세팅을 연구하는 것도 회의의 생산성을 높이는 데 효과가 있습니다. 결정해야 할 것이 많은 회의일 경우에는 다뤄야 할 의제를 담은 자료를 최초에 함께 배포하고, 결정해야 할 의제가 두세 가지 정도라면 회의 도중에 별도로 배포함으로써 참가자의 집중도를 높여야 합니다.

이처럼 자료 배포 타이밍을 조절하는 것만으로도 회의 진행이 원활해집니다. 영업 부문과 기술 부문의 조절이 필요한 회의에서 두 번째 의제는, 특히 기술 부문에 있어서 앞으로 부담이 커질 가능성이 큰 의제일 경우, 모든 자료를 처음부터 나눠주면 기술 부문의 참석자는 첫 번째 의제 토론 중에도 계속 두 번째 의제에 관한 자료만 보기 때문입니다.

제 자신도 이를 롤플레잉 교육을 통해 경험한 적이 있습니다. 회의의 사회자 역할이었던 저는 '회의의 주최자가 자료를 맨 처음에 모두 배부해버리면 바로 두 번째 자료에 대해 이런저런 질문을 하도록'이라고 쓰인 롤 카드를 받은 동료의 훌륭한 연기 때문에, 맨 처음 안건에 대한 의사결정을 결국 완료하지 못하게 됩니다. 그리고 롤플레잉 후의 피드백에서 '이런 경우에는 두 번째 의제의 자료는 나중에 나누어주어야 한다.'는 조언을 듣습니다.

글로벌 기업이나 벤처기업 사무실에 어린이들을 위한 시설처

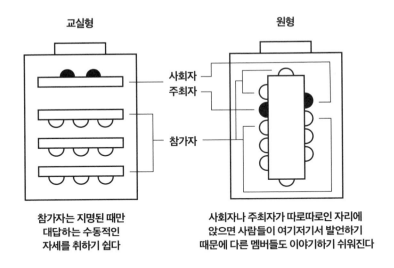

표35 테이블 배치가 토론에 미치는 영향

럼 화려한 색채로 칠한 방이나 관엽 식물로 가득찬 방 등 독특한 회의실이 많이 있는 것도 평소의 사무실 환경과는 다른 분위기를 연출함으로써 대화의 생산성을 높일 수 있을 것이라는 기대 때문입니다.

숲속이나 바닷가의 합숙소 등 일상에서 탈피한 장소(off site)에서 회의를 함으로써 사내 관료체제의 구속에서 벗어나 아이디어를 내고 적극적으로 토론할 수 있도록 도모하는 것입니다. 이는

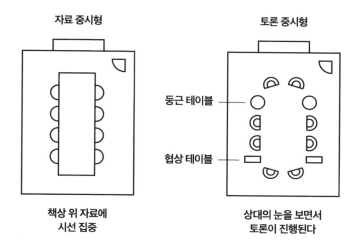

자료 중시형	토론 중시형
책상 위 자료에 시선 집중	상대의 눈을 보면서 토론이 진행된다

둥근 테이블

협상 테이블

표36 테이블 위치가 토론에 미치는 영향

전부터 많이 사용해온 방법입니다. 하지만 이런 방식의 회의를 매일 할 수는 없습니다. 그러므로 사내에 기분전환을 조금이라도 할 수 있는 장소를 준비하는 것입니다.

또한 자리나 책상 배치도 토론 상황에 영향을 미칩니다. 예를 들어 사회자와 참가자가 서로 마주보는 교실 형태의 자리 배치는 참가자 측에 앉은 사람들 사이에 '토론은 사회자가 이끄는 것'이라는 열외의식을 키움으로써, 사회자 이외에는 토론에 집중

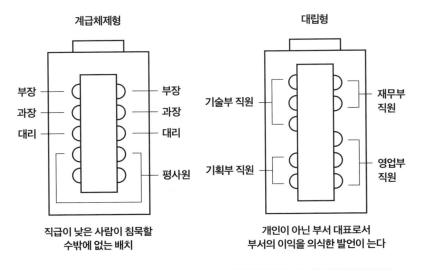

표37 자리 배치가 토론에 미치는 영향

하지 못합니다. 표35

또한 테이블이 있으면 자료를 보면서 이야기를 듣는 사람이 늘지만, 의자만 있는 회의실에서 작은 테이블을 옆에 배치하면 모두 서로의 눈을 보며 말하게 됩니다. 표36 토론을 많이 하는 미국 고등학교나 대학 강의실에서 이런 협상 테이블을 사용하는 것은 그러한 효과를 노린 것입니다. 교과서를 읽거나 노트를 적는 것보다 토론이 더 우선이라는 사실을 학생들에게 알리고 싶기 때문일 것입니다.

자리 배치도 직함순으로 자리를 배치하면 젊은 사람은 발언하기 어려워지고, 부서별로 직원이 모여 앉으면 부서별로 의견이 대립하기가 쉬워집니다. 표37

이처럼 회의의 성과를 어떻게 올릴 것인가 하는 방향성을 생각하면 회의시간의 단축뿐 아니라 이번 회의를 어디에서 개최해야 할지, 회의실의 배치나 내부 장식은 어떻게 바꿀 것인지 의자나 책상 배치를 어떻게 할 것인지 연구하게 됩니다.

규칙을 바꾸면, 생각의 틀이 바뀐다

회의 기법(facilitation skills)도 토론의 생산성을 높이는 데 중요합니다. '리더는 한 사람, 나머지 전원은 따르면 된다.'라는 사고방식이 남아 있는 조직에서는 사회자만 있으면 된다고 생각합니다. 그렇지만 원래 회의 기법은 회의 참가자 전원에게 있어야 합니다.

다각적인 토론을 하기 위한 대표적인 방법으로 누군가가 '악마' 역할을 맡는 것입니다. 이는 개인적으로는 상대방의 의견에 찬성하더라도 일부러 "그건 아닌 것 같은데?" "이런 경우도 있지 않을까?" 하는 식으로 반대 입장을 취해 모두 함께 깊이 생각해 볼 기회를 갖기 위한 방법입니다.

그밖에도 리스크 요인을 생각해보는 것이 토론의 목적이라면 "이 건에 대해 고객으로부터 클레임이 들어온다면 어떤 클레임이 있을 수 있을까요? 고객의 얼굴을 떠올리면서 생각해보세요." 든지 "이런 문제가 일어나면 자기가 해고될지도 모른다는 긴급한 상황에는 어떤 것이 있을까요?" 등 더욱 현실적으로 생각하기 위한 구체적인 질문을 하는 것도 회의 기법의 하나입니다.

컨설턴트로 일하고 있었을 때 저는 "자, 이제부터 거래처 사장님 역할을 하세요."라는 주문을 자주 받았습니다. 그런 주문을 받으면 자신이 만든 자료를 고객의 관점에서 볼 수 있게 됩니다. 그렇게 관점을 바꾸는 것만으로 '사장이라면 이런 질문을 하고 싶어질 것'이라든지 '아마 이 부분이 마음에 걸릴 것 같다.'는 식으로 신기하게도 새로운 사실이 눈에 들어오게 됩니다.

마찬가지로 "○○씨는 거래처 기술부장 역할, △△씨는 영업부장 역할을 하게." 하고 지명해보면 모두 각각의 입장을 연기하면서 자료를 검토하는 일도 자주 있습니다. 이것은 롤플레잉 게임을 회의에 응용한 방법이라고 할 수 있습니다.

그밖에도 늘 같이하는 멤버 말고 다른 사람을 회의에 참여시키는 방식(늘 하는 회의에는 없는 관점을 도입하는 효과와 더불어 다른 참가자에게도 긴장감이 생겨난다), 토론의 규칙을 평소와는 다르게 바꿔 임원을 포함해서 상의와 넥타이 착용을 금지하는 (계급의 느낌을 줄이고 상사에게도 의견을 편하게 말하기 위해) 방식 등, 토론의 생산성을 높이기 위한 방법은 많습니다.

마지막으로 맡은 직책의 성격상, 회의를 자주 주최하는 사람에게는 정기적으로 과거의 회의를 평가해볼 것을 추천합니다.

우선 달력에 남아 있는 과거의 회의를 되돌아보면서 각 회의에 대해 그 성공 정도를 퍼센트로 평가합니다. 5개의 의제가 있고 모든 것의 목표가 달성되었다면 100퍼센트의 성공, 3가지밖에 결정되지 않고 나머지 2개는 차후로 미루어졌다면 60퍼센트라는 식입니다.

다음으로 각각의 회의 성공 비율을 10퍼센트 이상 올리기 위해서는 무엇을 했으면 좋겠는지 생각합니다. '그 자료만 사전에 준비해두면 성공 비율은 10퍼센트 올랐을 것'이라든지, '그 토론을 도중에 그만두었으면 나머지 의제에도 시간을 충분히 쓸 수 있었을 것'이라는 식으로 구체적인 개선안을 머릿속에 떠올리면 다음번 회의에 활용할 수 있기 때문입니다. 회의 참가자에 대해서도 '이 사람을 정말로 이 회의에 참석하게 할 필요가 있었을까?' 하고 되돌아보면 다음부터 다른 사람의 시간을 헛되게 낭비하는 일도 피할 수 있습니다.

책임을 추궁하거나 평가하기 위함이 아니라, 단지 회의 주최자가 스스로 되돌아보기 위함입니다. 그래도 다음 회의에 여러

모로 참고가 될 것입니다.

회의를 서서 하거나 자료의 장수를 제한하는 방법도 쓸모없는 회의를 줄여 결과적으로 회의시간을 줄이는 효과가 있습니다. 하지만 더 중요한 목적은 회의시간을 줄이는 것이 아니라 회의의 생산성을 높이는 일입니다.

시간 단축뿐 아니라 어떻게 하면 의견을 활발하게 교환할 수 있을지, 어떻게 하면 일정 시간 안에 의사결정이 완료될 수 있을지 하는 점에서라도 반드시 여러 가지 연구를 해보기 바랍니다. 생산성이란 이러한 시행착오를 거쳐서 조금씩 높여가는 것입니다.

생산성
Productivity

생산성은 기업과 개인 모두를 위한 것이다

2015년 말, 한 화장품 제조사가 판매사원의 업무 방식에 대한 제도를 바꿔서 큰 화제가 된 적이 있습니다. 이 기업은 전부터 아이를 키우는 여성이 일하기 편한 환경을 조성해왔던 기업으로 주목받아왔습니다.

이런 기업에는 출산 후에도 일하고자 하는 여성이 다른 곳보다 더 많이 모이고 사내에 이러한 선배가 많을수록 제도도 이용하기 쉬워집니다. 아마 일반적인 기업보다 훨씬 많은 여성이 출산 후에도 계속해서 일하고 있을 것입니다.

변경된 제도의 요지는 지금까지 늦게 출근하거나 주말 근무에서 면제되어오던 워킹맘도 바쁜 시간대의 근무 시프트에 들어오도록 한 것이었습니다.

그 배경에는 바쁜 시간대의 시프트가 육아를 하지 않는 여성들에게 집중되어 불공평한 느낌이 생기는 것과 현실적으로 시프트를 잘

짜지 못하는 경우가 있다는 것부터, 바쁜 시간대에 일하지 않으면 워킹맘 자신의 커리어에도 지장이 있는 등 여러 가지 이유가 있었다고 합니다.

다른 기업에서도 이런 문제가 번번하게 발생하고 있습니다. 해외 근무를 필요로 하는 상사나 해외 수익 비율이 높은 제조사에서도 노부모를 돌보기 위해, 혹은 맞벌이로 아이를 키우고 있기 때문에 해외 근무를 할 수 없다는 사람이 늘고 있습니다.

한 자녀 가구와 고령화가 급속히 진행되고 있는 현실에서 앞으로 지금까지보다 훨씬 더 많은 사람이 일하면서 육아나 부모를 부양하게 될 것입니다. 앞으로도 집안 사정 때문에 '해외 근무는 못한다.' '지방 근무도 못한다.' '1주일씩이나 집을 비우는 해외 출장은 불가능하다.' '아이를 맡길 수 없는 주말 근무나 야근은 못한다.'는 사람이 점점 더 늘 것입니다.

이는 비단 여성만의 문제는 아닙니다. 과거 여성이 집안일을 도맡았던 가정과는 달리, 맞벌이를 계속해온 세대에서는 아내가 남편의 부모까지 부양하기는 어렵습니다. 여성의 부담이 여전히 큰 육아와는 달리 부모 부양 문제에 관해서는 성평등 의식이 확산되고 있고 남성이 돌보는 경우도 늘고 있습니다. 이미 문제가 되고 있지만 한창 일할 사원이 부모의 부양을 위해 퇴직하는 것을 어떻게 막아야 할지 기업에는 큰 문제가 될 것입니다.

이러한 상황에 대해 정부도 기업도 육아휴가나 부양휴가 제도를 한층 더 강화하고 있습니다. 하지만 앞서 언급한 화장품 제조사의 예에서도 볼 수 있듯이 육아나 부양을 떠안은 직원에게만 휴직이나 융통성 있는 근무 방식을 인정함으로써, 거기에서 발생하는 부담을 모두 '부양과 육아를 담당하지 않는 직원'으로 전가하는 방법으로는 조직의 불평등이 심화되고 업무도 잘 돌아가지 않게 됩니다.

부담의 전가만으로는 더 이상 해결될 수 없다는 사실을 이해해야 합니다. 100명 중 10명에게만 배려해야 할 이유가 있는 시대라면 나머지 90명에게 조금씩 부담을 전가하는 것으로 문제를 해결할 수 있습니다.

하지만 앞으로는 100명 중 60에서 70명이나 배려해야 할 시대가 될 것이라는 전제하에 제도를 설계해야 합니다. 그 부담을 나머지 30퍼센트의 인원에게 전가해 해결한다는 것은 더 이상 불가능합니다.

앞으로 기업은 모든 사람이 원하는 근무 스타일을 실현할 수 있도록 지원해줄 수 있어야 합니다. 시간근무나 재택근무도 육아나 부모를 부양 중인 사원뿐 아니라 모든 사원에게 인정받는 제도로 만들어나가도록 해야 합니다.

그리고 전 사원에게 그러한 업무 방식을 가능하게 하기 위해 기업은 조직 전반으로 지금보다 훨씬 높은 노동 생산성을 실현해야 합니다. 즉 부담을 전가하는 것이 아니라 생산성 향상을 통한 총부담의 감소가 필요합니다.

'무엇이 문제인가'에서 시작하자

현재 야후에서 CSO(Chief Strategy Officer: 최고전략책임자)를 맡고 있는 아타카 가즈히토(安宅和人)는 2010년에 집필한 《이슈에서 시작하자》에서 문제해결에 대한 가장 중요한 핵심을 찔러서 지적하고 있습니다.

그것은 '무엇이 문제인가'를 제대로 이해하는 것이 가장 중요합니다. 해결해야 할 과제, 즉 이슈(issue)를 잘못 짚으면 아무리 문제를 자세히 분해하고 막대한 정보를 수집하고 다각도로 분석해도 올바른 답을 찾을 수 없게 됩니다.

현재 장시간 근무는 기업에도 사회적으로도 큰 문제로 인식되어 있습니다. 분명 그것은 좋지 않은 의미에서 문제입니다. 그러나 해결해야 할 과제(이슈)가 장시간 근무인가 하면 그렇지 않다고 봅니다. 해결해야 할 과제는 장시간 근무가 아니라 일하는 사람의 생산성이 낮은 채로 방치되어 있다는 사실입니다.

아니면 매출을 올리는 방법으로 사원을 더 오래 일하게 하는 이외의 방법이 떠오르지 않는 (생산성에 대한 의식이 결여된) 구시대적인 경영 마인드나 부가가치를 낳을 수 없는 오래된 비즈니스 모델이야말로 해결해야 할 과제입니다.

조금만 생각하면 누구든지 알 수 있는데, 생산성을 높이지 않은 채로 노동시간을 단축하면 기업은 상품이나 서비스의 가치가 저하되어 매출이 떨어집니다. 노동자도 생산성을 높이지 않은 채로 노동시간을 줄이면 수입이 감소합니다. 양쪽 다 원하지 않는 상황입니다. 이를 해결할 수 있는 가장 큰 방법은 역시나 생산성 향상입니다. 노동시간이나 야근시간을 줄이는 것이 목표가 아니라 생산성의 지속적인 향상을 목표로 해야 합니다.

'동전 뒤집기'라는, 본질적인 과제를 방치한 채로 문제를 반전시켜서 해결하려고 하는 문제해결의 좋지 않은 예가 있습니다. '영업 성과가 오르지 않는다→그렇다면 영업 성과를 올리기 위해서라도 더 노력하자.'라든지 '비용이 비싸고 깎지 못해서 팔리지 않는다→그러면 영업 성과를 올리기 위해서 더 노력하자.'라든지 '비용이 비싸서 깎지 못하면 팔리지 않는다→그럼 비용을 더욱 낮추자.'는 제안을 예로 들 수 있습니다.

'노동시간이 너무 길다 → 그러면 노동시간을 줄이자.'라는 것도 동전 뒤집기입니다. 그것이 아니라 '해결해야 할 과제는 생산성을 높이는 것'이라고 인식하고 혁신이나 지속적인 개선을 통해 업무의 생산성을 높이면 결과적으로 야근도 노동시간도 감소합니다.

생산성이 향상되면 노동시간이 짧아져도 지금보다 질 좋은 상품이나 서비스를 제공할 수 있고 기업은 수익을, 노동자는 수입을 올릴 수 있습니다. 그렇지 않으면 기업에도 노동자에도 노동시간을 짧게 하자는 적극적인 의지가 생겨나지 않습니다.

업무 방식 개혁의 하나로 제안되고 있는 '동일노동 동일임금'도 생산성이 오르지 않으면 단순히 정규직에서 비정규직으로 보수가 이전이 됩니다. 이렇게 되면 정규직(노동조합)이 저항하는 것도 당연합니다.

그보다는 생산성 향상에 따른 총부가가치의 확대를 목표로 해야 합니다. 생산성을 높여서 성과의 절대량을 늘리고 그 배분을 통해 동일노동 동일임금을 실현하는 것이 바람직합니다.

지금 정직원을 늘리지 않고 파견직원이나 아르바이트만 늘리고 있는 기업은 파견직원의 생산성이 (정년까지 고용되거나 사회 보장 부담이 큰) 정직원의 생산성보다 훨씬 높다고 느끼고 있지 않을까요? 그래서 파견직원만 계속 늘리게 되는 것입니다.

그러한 상황 속에서 '동일노동 동일임금'을 밀어붙이면 임금은 당연히 낮은 쪽으로 쏠리게 됩니다. 지금은 정직원이 그 인건비에 걸맞은 가치를 창출할 수 있는 생산성이 높은 인재가 되어야 하며, 정부든 기업이든 (그리고 개인도) 그를 위한 인재 육성에 더욱 투자해야 합니다.

또한 노동 인구가 급속하게 줄고 있는 우리 경제의 대처 방안으로 노령자나 여성의 취업률을 높이려는 것도 외국노동자를 더 받아들이려는 것도 모두 인력을 늘려서 문제를 해결하자는 접근방식입니다. '일손 부족→그렇다면 새로운 일손을 찾자.'는 식의 발상은 동전 뒤집기에 불과합니다. 일손을 늘리는 것만으로는 생산성이 낮은 일이나 업무 방식이 계속 지속됩니다. 따라서 일손이 부족하다면 생산성을 어떻게 높일 수 있을지를 연구해야 합니다.

인공지능이나 로봇의 활용 등 새로운 기술의 적극적인 이용은 물론, 생산성을 향상하는 방법은 그밖에도 많습니다. 만성적인 일손 부족에 고민하는 노인요양 서비스 분야에서도 '1시간 방문요양 서비스+30분의 다른 집으로의 이동시간'을 '1시간 방문요양 서비스+5

분의 이동시간'으로 바꿀 수 있다면 직원 한 사람이 하루에 방문할 수 있는 노인 수는 5명에서 7명으로 늘어납니다. 이는 노인들이 공동주택에 모여 사는 것만으로도 요양서비스 직원의 생산성이 40퍼센트 높아진다는 뜻입니다. 더구나 같은 8시간 근무지만 요양 서비스 직원의 수입도 대폭 늘어나게 됩니다.

지금은 4명의 일손을 필요로 하는 일을 3명이 해도 똑같은 질을 유지하면서 할 수 있도록 바꾸어나가야 합니다. 이렇게 생산성을 향상시켜나가는 것이 일손 부족 문제에 대처하는 방법입니다.

생산성, 모든 것의 실마리

생산성 향상은 기업 경영뿐 아니라, 다양한 사회 문제를 해결하는 열쇠가 되는 앞으로의 시대적 키워드이자 과제입니다.

지방 재생의 방책에서도, 문제해결의 열쇠는 도시 젊은이들의 지방 이주가 아닙니다. 일본의 인구는 2016년에 1억 2,693만 명에서 향후 50년 안에 8,026만 명 정도까지 4,667만 명이 줄어들 것으로 예상됩니다. 현재 홋카이도(北海道), 도호쿠(東北), 호쿠리쿠(北陸), 시코쿠(四國), 큐슈(九州) 지방의 인구 합계가 4,542만 명이므로 그 지역 전체 인구 이상이 향후 50년 사이(올해 태어난 아이가 50세가 되기까지 사이에, 혹은 지금 20세인 학생이 정년을 맞이할 때까지) 사라져 갈 것입니다.

이렇게 인구가 줄어드는 나라에서 도시의 이주자가 조금 는다고 해서 무슨 해결이 되겠습니까? '지방의 인구가 줄고 있다 → 지방에 더 많은 인구를 불러모으자.'라든지, '지방에 인구가 적은 이유는 일자리가 없기 때문이다 → 지방에 예산을 세워서 일자리를 창출하자.'라는 것도 동전 뒤집기식 대안입니다.

진짜 문제는 지방의 인구가 감소하고 있는 것이 아니라 모든 면에서 지방의 생산성이 너무 낮다는 점입니다. 농업이나 어업과 같은 1차 산업뿐만 아니라 요식업이나 소매업과 같은 3차 산업, 그리고 교육과 의료, 노인요양과 같은 인프라 서비스에 대해서도 지방은 생산성이 너무 낮기 때문에 사업자들이 철거하는 중입니다.

그러므로 해결해야 할 과제, 즉 이슈로서 '생산성이 낮다.'는 사실이 명확해지면 규제 완화나 IT의 적극적인 활용으로 농업과 어업의 생산성을 대폭으로 올리는 방안을 생각하거나, 자동운전차, 원격의료, 원격교육 등을 적극적으로 도입하는 한편, 공동주택 생활을 장려하는 등의 산업이나 생활 인프라의 생산성을 어떻게 끌어올릴 것인지를 생각하는 것이 지방 문제의 해결 방향이라고 이해할 수 있습니다.

일본적인 종신고용 제도의 최대 문제도 일본 전반의 노동 생산성을 낮춘다는 점에 있습니다. 일본에서는 이 제도 때문에 우수한 인재의 유동성이 매우 낮고 생산성이 낮은 분야에 많은 사람들이 머물러 있는 한편, 생산성이 높은 분야에서는 인재 부족이 성장의 발목을 잡고 있습니다.

정부는 생산성이 낮은 사람이나 생산성이 낮은 산업을 약자로 보고 여러 가지 지원을 하고 있지만, 그 지원의 대부분은 '생산성을 높이기 위한 지원'이 아니라 '생산성이 낮아도 계속할 수 있도록 하기 위한 지원'입니다.

이것으로는 지원하면 할수록 생산성이 낮은 산업이나 기업이 장기간에 걸쳐 방치되고 맙니다. 제5강에서 승진에서 누락된 중년층이 정년 때까지 수십 년이나 방치된다고 했는데, 이와 같은 현상이 사회 전반적인 규모로 일어나고 있는 것입니다.

지방, 산업, 개인 등 어느 것이든 생산성이 낮은 채로 존속할 수 있도록 지원하는 것이 아니라, 생산성을 조금이라도 높일 수 있도록 지원해야 합니다. 그리고 그것을 위해서는 사람을 포기하지 않고, 사람에게 계속해서 투자하는 것이 가장 중요합니다.

'인구 절벽'은 기회이기도 하다

일본은 앞으로 인구가 급속하게 줄어갈 것입니다. 현재도 연간 27만 명 이상 줄고 있지만 25년 후에는 연간 100만 명이나 되는 인구가 줄어들기 시작할 것입니다. 이것은 이미 외국인노동자나 이민으로 채워 넣을 수 있는 규모를 넘어섰고, 여성이나 노동자의 취업률을 조금씩 올려서 해결할 수 있는 문제도 아닙니다.

그렇지만 급속한 인구 감소는 한편으로 일본인, 일본 기업 그리고 일본 사회가 생산성을 높여가기 위한 절호의 기회라고도 볼 수 있습니다.

최근에는 여러 나라에서 인공지능의 진화 때문에 지금 존재하고 있는 직업의 상당수가 사라져갈 것이라고 합니다. 인구가 줄지 않으면 그것은 대규모 실업문제로 발전합니다. 하지만 불행인지 다행인지 일본에서는 노동인구가 급속히 줄고 있습니다.

일본은 리스크 허용도가 낮고 새로운 기술이나 제도 도입에 대단히 신중한 사회입니다. 그래도 일손 부족이 심각하지만 무인 운전이나 무인 주택 등도 적극적으로 도입하려고 할 것입니다.

이미 일손 부족이 심각한 농업에서는 드론으로 작물의 성장 상태나 해충의 상황을 감시하고 인공지능으로 물이나 농약 살포 타이밍을 결정해서 드론에게 살포를 지시하는 고도의 자동화도 시작되었습니다.

고질적인 문제지만 근본적으로 해결되지 않았던 도심부의 통근 문제에 대해서도 앞으로는 더욱 신중한 태도를 취할 것입니다. 현재 도쿄 수도권의 평균 통근시간은 왕복 1시간 42분으로 1주일치 총 통근시간에서 하루치 이상의 노동시간에 해당합니다. 이처럼 수많은 사람들이 생산성이 낮은 시간을 낭비하는 것은 개인에게나 기업에게나 나아가 사회적으로도 큰 낭비가 아닐 수 없습니다.

앞으로 노동력이 본격적으로 부족해지면 재택근무나 직장 근처에 주거하게 하는 것이 시급한 과제가 될 것입니다. 일본은 인구 감소를 계기로 새로운 기술이나 서비스를 대담하게 도입하고 노동 관행을 근본적으로 재조명해서 기업이나 사회의 생산성을 대폭 향상시켜야 할 것입니다.

지금 정부는 인구 감소 시대에 대한 대처, 기업은 국제 경쟁력의 유지 강화, 그리고 개인은 일과 삶의 균형의 실현이라는 과제를 안고 있습니다. 사실은 '생산성 향상'이야말로 이 세 가지 문제를 한방에 해결할 수 있습니다.

이 책에서는 주로 비즈니스 상황에서의 생산성 향상책을 다루었지만 각자의 생산성이 향상되면 기업의 성과가 오를 뿐 아니라, 개인의 생활도 풍요로워지고 사회 전반의 부담도 줄어들게 됩니다.

'업무 방식 개혁'의 최대 목적은 생산성을 높이는 것입니다. 인구가 30퍼센트 이상이나 줄어들었지만 이렇게 많은 혁신적인 기술이 속속 실용화되고 있는 지금, 인구 감소의 부정적인 영향력을 뛰어넘는 생산성 향상을 목표로 더 높은 수준에서 일과 개인생활을 제대로 영위할 수 있는 사람을 늘리는 것이야말로 앞으로 나아가야 할 방향이 아닐까요?

맺음말

2012년에 《채용 기준》을 출판했을 당시, 과연 글로벌 리더십의 개념이 일본 사회에 받아들여질지 불안했습니다. 하지만 그것은 기우에 지나지 않았습니다. 역사와 전통이 있는 대기업에서 신흥 성장 기업까지 다양한 조직의 경영자나 임원들로부터 "이런 사고방식은 우리 회사에도 필요하다." "이것이야말로 내가 하고 싶었던 말이다."라는 반응이 있었습니다. 조직이 인재에게 바라는 자질에는 동서양을 막론하고 근본적인 차이가 없다는 사실을 확인할 수 있었습니다.

이번 책 《생산성》에 대해서도 같은 일이 일어나지 않을까 내심 기대해봅니다. 맥킨지에서 일했을 당시, 커뮤니케이션 방법에서 자료작성 방법, 의사결정이나 토론 방법, 나아가 조직의 운영 방법에 이르기까지 합리적이고 논리적인 판단의 근거에는 늘 '어떻게 하면 생산성을 높일 수 있을까?'라는 의식이 있었습니다.

맥킨지에서는 '일을 잘하는 사람'이란 '생산성이 높은 사람'을 말하며 '성장한다.'는 것은 '생산성이 높아진다.'는 것을 의미합니다. 그리고 인재 육성의 목적은 개개인의 생산성을 조금이라도 높이기 위해 지원하는 것이었습니다.

컨설팅 회사에서 익힌 스킬은 문제해결 능력이나 논리적인 생각이라는 말을 많이 하는데, 저는 그것이 일본과 글로벌 혁신 기업의 차이라고는 생각하지 않습니다. 체계적으로 언어화되어 있지 않을 뿐, 많은 일본 기업은 뛰어난 문제해결 능력을 지니고 있고 논리적인 사고의 중요성도 충분히 이해하고 있습니다.

하지만 리더십과 생산성에 관한 이해나 태도의 차이는 많이 다릅니다. 일본 기업이 글로벌 기업과 같은 속도로 성장하고 경쟁해나가기 위해서는 이 두 가지에 관한 인식을 근본부터 신속하게 바꿀 필요가 있습니다.

특히 생산성의 중요성에 대해 잘 인식하지 못하는 것은 조직이 방만해진 대기업만의 문제는 아닙니다. 창업한 지 몇 년 안 되는 수십 명에서 수백 명 규모의 벤처기업에서도 같은 문제가 발생합니다.

최근 젊은 기업가들의 실행력과 의지, 또한 그 기술력이나 비즈니스 모델의 독특함은 해외 유명 기업에 비교해도 크게 뒤떨어진다고는 생각하지 않습니다. 하지만 조직의 생산성 및 생산성을 높이는 방법에서는 결정적인 차이가 있는 것 같습니다.

생산성이 두 배인 기업은 같은 기간 동안 두 배 높은 목표에 도달할 수 있습니다. 생산성이 다섯 배 높은 기업은 다른 기업이 5년 걸릴 것을 1년 만에 달성할 수 있습니다. 시간의 가치가 기업의 운명을 결정하는 변화가 빠른 분야에서는 생산성의 차이가 그대로 전 세계 시장점유율의 속도 차이가 되고, 나아가 기업 가치에 차이를 낳습니다.

급성장을 계속하는 기업은 장시간 노동이 만성화되어 있는 경우가 많고, 생산성에 대한 의식이 낮아지기 쉽습니다. 또한 투자자가 높이 평가해주면 현금 유동성(Cash Flow)이 커지고 사람을 고용함으로써 문제를 쉽게 해결하려고 하는 방향으로 쉽게 흘러갈지도 모릅니다.

하지만 똑같이 사원 모두 늦게까지 바쁘게 일하고 있는 회사라도 그 실태는 두 개로 나누어집니다. 하나는 생산성이 낮은 사람이 일에 짓눌려 바쁘게 일하고 있는 회사와, 또 하나는 생산성이 높은 사람이 오랜 기간 일하고 있는 최강의 회사입니다. 얼핏 보기에 두 회사 모두 전원이 장시간 일하고 있는 바쁜 기업으로 보이지만, 각각의 기업이 달성할 수 있는 수준에는 큰 차이가 납니다.

반복해서 말하지만, 우리와 세계의 차이는 두 개뿐입니다. '리더십'에 대해 다룬《채용 기준》과 '생산성'을 테마로 한 이 책이 조금이라도 여러분들의 앞으로의 조직 운영과 인재 육성에 도움이 되기를 진심으로 바랍니다.

— 이가 야스요

참고문헌

1 《이슈에서 시작하자 지적 생산의 '심플한 본질'》, 아타카 가즈히토(安宅和人), 英治出版, 2010.

2 《잭 웰치 승리자의 조건》, 잭 웰치·수지 웰치, 청림출판, 2007.

3 《AI의 충격 인공지능은 인류의 적인가》, 고바야시 마사카즈(小林雅一), 講談社現代新書, 2015.

4 《오마에 겐이치 패전기》, 오마에 겐이치(大前研一), 文藝春秋, 1995.

5 《그대는 아직 야근하고 있는가?》, 요시코시 고이치로(吉越浩一郎), PHP文庫, 2012.

6 《그라운드 소싱의 충격 고용 유동화시대의 업무형태, 고용방식 혁명》, 히가 구니히코(比嘉邦彦), 이가와 코우사쿠(井川甲作), 인플렉스 R&D, 2013.

7 《게임의 룰을 바꾸어라 네슬레 일본 경영자가 밝히는 신 일본식 경영》, 다카오카 고조(高岡浩三), 다이아몬드사, 2013.

8 《한계비용 제로 사회: 사물인터넷과 공유경제의 부상》, 제레미 리프킨(Jerremy Rifkin), 민음사, 2014.

9 《GE 세계기준의 업무기술》, 야스부치 세이지(安渕聖司), 新潮社, 2014.

10 《셰어: 공유에서 비즈니스를 창출하는 신전략》, 레이첼 호프만·르 로저스, NHK출판, 2016.

11 《셰어링 이코노미 Uber, Airbnb가 바꾼 세계》, 미야자키 야스지(宮崎康二), 일본경제신문 출판사, 2015.

12 《조직의 의미를 재정의할 때 기업은 창조성과 생산성을 양립시킬 수 있는가: DIAMOND 하버드 비즈니스 리뷰 논문 Kindle판》, 고토사카 마사히로(琴坂将広), 다이아몬드사, 2014.

13 《통계학이 최강의 학문인 〈비즈니스 편〉: 정보를 유익하게 바꾸는 지혜와 디자인》, 니시우치 히로무(西內啓), 文響社, 2016.

14 《클라우스 슈밥의 제4차 산업혁명》, 클라우스 슈밥(Klaus Schwab), 새로운현재, 2016.

15 《왜, 당신의 일은 끝나지 않는가》, 나카지마 사토시(中島聰), 文響社, 2016.

16 《How Google Works 우리의 업무 방식과 매니지먼트》, 에릭 슈미트·조나단 로젠버 그, 알란 이글, 일본경제신문 출판사, 2014.

17 《0초 사고: 초고속 사고를 위한 두뇌 개조 프로젝트》, 아카바 유지(赤羽雄二), 열린책 들, 2015.

18 《부하를 정시에 귀가시키는 업무 방식 최단거리로 성과를 내는 리더의 지혜》, 사사 키 쓰네오(佐佐木常夫), WAVE출판, 2009.

19 《맥킨지에서 25년에 걸쳐 방대한 업무를 한 후 알았다》, 야마나시 히로이치(山梨廣 一), 다이아몬드사, 2016.

20 《LIFE SHIFT 100년 시대의 인생전략》, 린다 글래튼·앤드류 스콧, 동양경제신보사, 2016.

생산성 기업 제1의 존재 이유

2017년 9월 22일 초판 1쇄 | 2023년 2월 7일 21쇄 발행

지은이 이가 야스요 **옮긴이** 황혜숙
펴낸이 박시형, 최세현

마케팅 양근모, 권금숙, 양봉호, 이주형 **온라인마케팅** 신하은, 정문희, 현나래
디지털콘텐츠 김명래, 최은정, 김혜정 **해외기획** 우정민, 배혜림
경영지원 홍성택, 김현우, 강신우 **제작** 이진영
펴낸곳 ㈜쌤앤파커스 **출판신고** 2006년 9월 25일 제406-2006-000210호
주소 서울시 마포구 월드컵북로 396 누리꿈스퀘어 비즈니스타워 18층
전화 02-6712-9800 **팩스** 02-6712-9810 **이메일** info@smpk.kr

ⓒ 이가 야스요(저작권자와 맺은 특약에 따라 검인을 생략합니다)
ISBN 978-89-6570-504-8 (03320)

쌤앤파커스(Sam&Parkers)는 독자 여러분의 책에 관한 아이디어와 원고 투고를 설레는 마음으로 기다리고 있습니다. 책으로 엮기를 원하는 아이디어가 있으신 분은 이메일 book@smpk.kr로 간단한 개요와 취지, 연락처 등을 보내주세요. 머뭇거리지 말고 문을 두드리세요. 길이 열립니다.